誰にも教えたくない　神ワイン

樹林伸

GOD WINE

SHIN KIBAYASHI

幻冬舎

誰にも教えたくない　神ワイン

樹林伸

GOD WINE

SHIN KIBAYASHI

CONTENTS

CONTENTS

God Wine

Shin Kibayashi

"GOD"
WINES 36

SELECTED BY
SHIN KIBAYASHI

GENTOSHA

本書は、僕が本当は誰にも教えたくない

(なぜなら人気が出てしまうと入手困難になって自分が飲めなくなるから)

選りすぐりのワインを36本紹介します。

たった36本と言うなかれ。

これでも教えすぎてしまったと後悔してるくらいです。

でも、教えたくないけど、こんなに美味しいって教えたいのも本音。

ぜひ、みなさまのワイン選びの参考にしていただけると

嬉しい……けど、やっぱり教えたくなかったなぁ、本当に。

1

CHAPTER [01]

とっておきの女性をもてなしたい、「いい女」になりたい時の勝負ワイン

ワインは、飲み物の中で、一番女性的だと僕は思います。優雅で、移り気で華やかで。だからこそ、男性なら「女性をもてなす時」、そして女性なら「もっといい女になりたい時」にこそ、積極的に飲んで欲しい。ビールを一気飲みするのでも、日本酒をちびちびいくのでもなく、ワインをゆっくり飲むという行為そのものが、女性をより美しく演出してくれるものです。

No.01

ANNE GROS DOMA
2009
ANNE
ECHEZEAUX
GROS
Appellation Echezeaux Contrôlée
GRAND CRU
LES LOACHAUSSES
DOMAINE
ANNE GROS
750ml
Propriétaire Viticulteur - www.anne-gros.com

グレートイヤーが生んだエレガントで芯のある“いい女”

Echezeaux Grand Cru“Les Loachausses” 2009 Domaine Anne Gros

エシェゾー・グラン・クリュ“レ・ロアショーズ”2009 ドメーヌ・アンヌ・グロ

若い時には若い時の、熟成してからはその時の良さがある

エシェゾーというのはフランスのブルゴーニュ地方、フラジェイ・エシェゾー村にある特級畑のひとつ。ブルゴーニュワインは白ならシャルドネ、赤ならピノ・ノワールという単一のブドウ品種から造られるので、ほかの品種を混ぜて欠点を補うという、ごまかしがきかないのが特徴です。それに、“テロワール”と呼ばれるその土地固有の性質と、造り手の性格が如実にワインに表れることも大きな魅力のひとつ。

僕がおすすめしたいポイントもまさにそこ。まずひとつは、このエシェゾーが、ブルゴーニュの特級畑のなかでも優しく繊細なところ。ふたつめは、アンヌ・グロという造り手が、とてもエレガントなワイン醸造をするからです。

エレガントなワインというのはわかりづらいですが、パワフルなワインの対義語と思ってください。見るからに濃厚で、タンニンの渋味がガッツリとしたタイプではなく、色調は淡めだけれど、果実味と酸味のバランスがとれ、喉越しスルッと流れるようなワイン。女性醸造家アンヌの、繊細だけど芯の強い、そんな性格を反映しています。女性にたとえるなら、「いい女」！

ここからはワインと一緒に楽しんで欲しい蘊《うん》蓄《ちく》を少し……。アンヌがエシェゾーを造りはじめたのはごく最近のこと。この畑は従兄の経営するグロ・フレール・エ・スールに25年も貸し出されていて、それが戻ってきたのが07年。まだわずかに数ヴィンテージしか市場にはないレアものです。

09年は天候に恵まれた偉大な年、グレートイヤー。もちろん長期熟成も可能ですが、若いうちから楽しめるので、長年寝かせておくなんてまっぴら、というこらえ性のない人にはぴったりですね。

素敵な女性と一緒にワインを飲む時、もしくは、女を磨きたい女性にもおすすめです。

DATA

ぶどう品種：ピノ・ノワール　国・産地：フランス・ブルゴーニュ地方
造り手：アンヌ・グロ
輸入元：八田 ☎ 03・3762・3121
希望小売価格：オープン価格

色調はそれほど濃くはないものの、イチゴをすり潰したような、甘酸っぱいアロマがきれいに広がる。繊細な果実味とピュアな酸味が見事に調和し、キメ細かでシルキーな飲み心地。飲みこんだ後の余韻も格別。

No.02

美人母娘が一糸まとわず足踏みして醸造！

Els Jelipins 2007

アルス・ヘリピンス 2007

忘れ去られし伝統品種、スモイから造られた、自然のままの風味

このアルス・ヘリピンスはスペイン北東部のペネデスという地方にあるワイナリーです。ワインを造っているのはウリオールとグロリアのガリガ夫妻。

アルス・ヘリピンスとは、ご夫妻の娘さんが子供の頃につくった、ファンタジーに登場する妖精の名前なんですね。その娘のひとり、ベルタも今ではすっかり大人になって、両親のワイン造りを手伝っています。

取材のためにワイナリーまでお邪魔して驚いたのは、母親のグロリアも娘のベルタもすごいべっぴんなこと。いざ仕込みの時になると、このふたりが一糸まとわぬ姿で発酵桶の中にドブンとつかり、ブドウを足踏みするんですって。それを聞いただけで、ワインの艶めかしさが伝わってくるじゃないですか！

ワインに使われているブドウは、スモイと呼ばれる伝統的な地品種。ところがこのスモイ、栽培や醸造の難しさから、いつの間にか忘れ去られ、今ではわずかばかりの畑が残るのみになってしまいました。

現在、グロリアたちは古木のスモイにガルナッチャという別の品種を加えてワインを造っていますが、このブドウ品種の復権を目指して、いずれは100パーセント・スモイのワインを造りたいと言ってます。

飲めばびっくり。きれいな酸味とシルキーな喉越しをした、まるでブルゴーニュのピノ・ノワールを彷彿とさせる、エレガントなワイン。

ブドウ栽培もワイン造りも「すべては自然のまま」というグロリアたちの流儀は、ボトルにも現れているんですよ。ラベルらしきものはどこにも見あたらず、小さなハートマークがじかに描かれてるだけ。これも1本1本手書きというんですから驚いちゃいますね。

アルス・ヘリピンス。すっぴんでも美しく、純粋な心をもつ女性にこそ飲んでいただきたいワインですな。

DATA

ぶどう品種：スモイ80%、ガルナッチャ20%　国・産地：スペイン・ペネデス地方　造り手：アルス・ヘリピンス
輸入元：ワイナリー和泉屋 ☎ 03・3963・3217
希望小売価格：10,800円（税抜き）

チェリーやラズベリーなどの果実にバラを思わせるフローラルさ。きれいな酸味とミネラリティ。口に含むと果実味が軽やかに広がり、喉越しはシルクのように滑らか。艶めかしく、複雑なアフターが後を引く。

No.03

ANNE GROS
2011
ANNE
CHAMBOLLE-MUSIGNY
GROS
Appellation Chambolle-Musigny Contrôlée
LA COMBE D'ORVEAU
DOMAINE
ANNE GROS
Propriétaire Viticulteur - www.anne-gros.com

この畑の名前は「昆布泥棒」って覚えよう

Chambolle-Musigny La Combe d'Orveau 2011 Anne Gros

シャンボール・ミュジニー・ラ・コンブ・ドルヴォー 2011 アンヌ・グロ

抜群のテロワールから、女性醸造家が生み出す、芯の強さと繊細さ

これはエシェゾー・レ・ロアショースと同じく、アンヌ・グロが造るワインです。ただ、エシェゾーがグラン・クリュ（特級畑）なのに対して、ラ・コンブ・ドルヴォーはシャンボール・ミュジニーの村名畑なのでだいぶお安く、懐がちょっと寂しい時にはおすすめですね。

ブルゴーニュには、畑ごとに村名→プルミエ・クリュ（1級畑）→グラン・クリュ（特級畑）といったブドウ畑のヒエラルキーがあります。一般的には村名畑よりも1級畑、1級畑よりも特級畑のほうがワインの質は高く、価格もアップします。もちろん例外もありますが、ほとんどの特級畑は陽当たりがよく、水はけに優れた好条件の土地にあるので、質の高いブドウが実るのです。

ラ・コンブ・ドルヴォーはシャンボール・ミュジニー村の南端にある面白い畑で、同じ名前をもつ区画が、村名、1級、特級に分かれています。特級のラ・コンブ・ドルヴォーはミュジニーの一部という扱いで、特級ミュジニーとなる変わり種。一方、アンヌ・グロのラ・コンブ・ドルヴォーは斜面が真南を向いていて、陽当たりの面では申し分ないのですが、標高が高く、谷間の出口にあるので、冷たい風が流れてきます。冷たい風を受けるとブドウが熟しにくくなるので、村名畑なのでしょうね。でも村名畑としては別格。このワインもアンヌらしく、芯の強さとエレガンスを秘めています。

ブルゴーニュを突き詰めるとテロワールに辿り着きます。テロワールとは土壌や気候など、その土地を取り巻く自然条件をひとくくりにした言葉。ブルゴーニュの畑は畦道ひとつ隔てただけで、ワインの質がガラッと豹変するんです。それが知的な遊びに感じられたら、あなたもワイン道初段ですな。

畑名が難しい？　ラ・コンブ・ドルヴォーはこう覚えましょう。「昆布泥棒」。え〜、お後がよろしいようで……。

DATA

ぶどう品種：ピノ・ノワール　国・産地：フランス・ブルゴーニュ地方
造り手：アンヌ・グロ
輸入元：八田 ☎ 03・3762・3121
希望小売価格：オープン価格

イチゴ、ラズベリー、赤スグリ、チェリーなど赤い果実の甘美なアロマが炸裂。口に含むと、一直線に突き進む硬質なミネラル感に打ちのめされる。ピュアな酸味と果実味がバランス。滑らかで、フェミニンな後口。

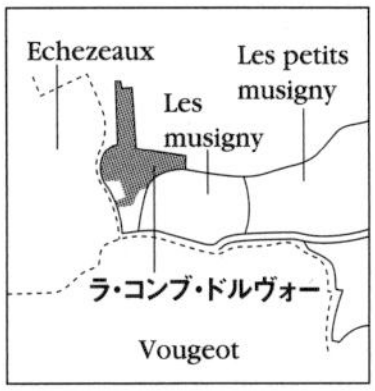

2

CHAPTER [02]

ワイン好きのビジネスパートナーも唸らせる最強ワイン

しっかり腰をすえてビジネスの話。そんな時にぴったりなのは、やはり1本のワイン。ゆっくりと、同じボトルから、同じワインを酌み交わす。硬かったワインが花開くように、その場の雰囲気もなんとなくくだけてきます。ただし、ビジネスワインは、選び方が肝心。せっかく高額を出して用意しても、的を外していては、決まる話も決まりません。ここぞ、という時の勝負ワインをご紹介します。

No.04

しがらみ社会でのし上がった最強シンデレラ

Girolate 2003

ジロラット2003

50万級のワインに負けない！ メルロー100%なのにド迫力

フランスはボルドー地方、アントゥル・ドゥー・メールで誕生した赤ワイン、ジロラット。「神の雫」で取りあげて爆発的人気を博したシャトー・モン・ペラのオーナー、デスパーニュ家が手がける最上級のワインです。

デスパーニュ家が所有するシャトー・トゥール・ド・ミランボーは、アントゥル・ドゥー・メールと呼ばれる産地にあります。ところがこの産地はフランスワインの法律上、白であればアントゥル・ドゥー・メールを名乗れるのに、赤を造ると単にボルドーとしかラベルに表示できない。つまり、本来、偉大な赤ワインなどできるはずがないとみなされた土地なんです。けれど、88ヘクタールもの面積の中にはすごいポテンシャルをもつ区画だってあるはず。そうして彼らは10ヘクタールの特別な土地を見つけ出し、そこに植えたメルローからすごいワインを造りました。それがジロラットというわけです。

最高のワインを造りたいと思ったなら、金にものを言わせて格付けトップのシャトーを買ってしまうほうが手っ取り早い。ところが、ここは、そうはせず、自分たちの畑の中から最良の土地を見つけ出し、最高のワインを造ったんですね。

天候的に難しかった2001年が、初ヴィンテージにもかかわらず、かのワイン評論家のロバート・パーカーは91点というハイスコアを付けました。ただのボルドーでこの点数はあり得ません！

2000円程度で買える同じシャトーのワイン「トゥール・ド・ミランボー」に対して、ジロラットは1万円クラス。まさに一夜にしてお宝に化けた、シンデレラワイン。しかも毎年造るわけではなく、天候的に厳しかった04年と07年は欠番になってます。

何も約束されていない土地から、すごいワインが誕生した。ボルドーという格付けのしがらみ社会で徒手空拳ではい上がってきた、奇跡のワインです。

DATA

ぶどう品種：メルロー　国・産地：フランス・ボルドー地方
造り手：デスパーニュ家
購入元：ルフ・エ ☎ 098・862・0073
価格：16,000円

ミシェル・ロランのコンサルティングを得て、彼お得意のメルローから造られたこのワイン。2003年という熱波の年も手伝い、プラムのコンポートのように濃密で、アフターにスパイシーな余韻が漂う。

No.05

GÉRARD BERTRAND
La Forge
Millésime: 2011
Appellation d'Origine Protégée Corbières Boutenac
Degré: alc. 15,5% by vol. Volume: 750ml
Nombre de bouteilles: 7901/14760
Mis en Bouteille au Domaine
Adresse: 11200 St André de Roquelongue
SUD DE FRANCE

三つ星の料理にも太刀打ちできる南仏ワイン

Gérard Bertrand La Forge 2011

ジェラール・ベルトラン・ラ・フォルジュ 2011

南仏＝安酒のステレオタイプを打ち破る、繊細で緻密な高級感

恵比寿の「シャトー・レストラン・ジョエル・ロブション」といったら、ミシュラン三つ星の超高級レストラン。そこでグラスワインとしてすすめられて思わずのけ反ったのが、この南仏ラングドック地方の赤ワインでした。

もともと大量生産のワインばかり造っていたラングドックには、安物ワインのイメージがいまだにつきまとうのですが、これはほんと、別格でしたね。

三つ星の料理と合わせても安っぽさがまったくないどころか、下手なボルドーの格付けシャトーよりずっと高級感がある。ワインは単純にブランドで選んじゃいけないと、つくづく思い知らされましたよ。

ワイナリーのオーナーであり、醸造家でもある人物は、ジェラール・ベルトランといって、フランス国内では有名な元ラグビー選手。それを聞いて、僕はとてつもなくヘビーでマッチョなワインを想像してたのですが、じつに繊細で緻密な仕上がりに感服しました。

立体感があるのに決して大仰ではない。花火にたとえるなら、ドカーン、ドカーンと豪勢なスターマインではなくて、ポーン、パラパラパラ……と単打ちされた和火みたいに情緒満点なんです。

ブドウ栽培はビオ、つまり有機農法ですが、俗に自然派と呼ばれる、原理主義的なビオワインのような不潔さは微塵もない。馬小屋臭やメルカプタン臭など、クセのある匂いや味が苦手という人でも、このワインなら問題なく受け入れられると思いますね。

それからラベルをよ～く見てください。ほら、何本瓶詰めしたうちの何本目というシリアルナンバーがあるでしょ。スペシャル感もばっちりで贈り物には最適。とくに先物買いが得意なバリバリのビジネスマンなら、こうした無名産地の隠れた逸材を知っておいて、損はないでしょう。

DATA

ぶどう品種：シラー、カリニャン　国・産地：フランス・ラングドック地方
造り手：ジェラール・ベルトラン
輸入元：ピーロート・ジャパン ☎ 03・3458・4455
希望小売価格：8,053 円

カシスやブラックベリーなどの果実が華やか。ローズマリーやタイムといった南仏特有のハーブも感じられる。集中度は高く、ボリュームもあるが、キレがよくもたつかない。穏やかで柔らかなタンニンが心地よし。

No.06

Au
Bon
Climat
2010
California
PINOT NOIR
"Isabelle"
Produced and bottled by Jim Clendenen, Mind Behind,
Santa Maria, California.
Alcohol 13.5% by volume.

コスパ最高のカリフォルニア・ピノと太鼓判

Au Bon Climat
Pinot Noir "Isabelle" 2010

オー・ボン・クリマ ピノ・ノワール"イザベル" 2010

いつ開けても香りムンムン、ブルゴーニュ的なキレの良さも備える

僕はこの本をすべてブルゴーニュで埋め尽くしたいくらいのピノ・ノワール好きですが、毎晩高価なブルゴーニュの逸品ばかり飲んでると、たちまち破産しかねません。それでほかの国や産地にお値打ちなピノ・ノワールはないかと、カリフォルニアやニュージーランドのワインもたくさん試してみました。カレラとかフェルトン・ロードとか。ところがなかなか納得できるワインが見つからない。そんな中で、僕がコストパフォーマンス最高のカリフォルニア産ピノ・ノワールと太鼓判を押したのがこれ。

ABCと呼ばれるオー・ボン・クリマの「イザベル」です。

カリフォルニアのピノ・ノワールってベタッと甘くて単調なものが多いのに、このワインにはブルゴーニュっぽいキレが感じられる。その一方、ブルゴーニュみたいな気難しさはなく、いつ開けてもハズレがない。ブルゴーニュにはよくあるんですよ。以前に一度抜栓して、部屋中が素晴らしいブーケで満たされたことのあるワインを、今日ふたたび開けてみると、まるで失恋中の少年のように塞ぎ込んでるということが……。俗にいう「トンネルの中」とか「おネム中」という現象です。

ビジネス相手をワインでもてなそうという時に、「あと1時間で開きますから」と待たせるわけにはいきませんよね。その点、ABCのワインは、いつでも開けた瞬間から香りムンムン！

妖しいフェロモンを出しまくってます。

ワインメーカーのジム・クレンデネン（オー・ボン・クリマのオーナー）は、ブルゴーニュの神様と謳われる故アンリ・ジャイエのもとでワイン造りを学び、彼を今でも崇拝する人物。カリフォルニアで最良のピノ・ノワールを生み出すテロワールを考えながら、このワインを造ってるに違いありません。同じABCが造る「ノックス・アレキサンダー」も、とてもいいピノ・ノワールですよ。

DATA

ぶどう品種：ピノ・ノワール　国・産地：アメリカ・カリフォルニアのセントラル・コースト　造り手：オー・ボン・クリマ
輸入元：中川ワイン ☎ 03・3631・7979
希望小売価格：7,000円（税抜き）

とてもよく熟したラズベリーやダークチェリーの華やかなアロマ。果実味たっぷり、凝縮感も高く、ボリュームも大きい。甘草や土っぽさも感じられ、適度な複雑さ。穏やかな酸味がバランスよく、長い余韻へと続く。

3

CHAPTER [03]

老若男女にも喜ばれる、
贈り物に最適なプレゼントワイン

「贈り物に迷ったら、ワイン」という人も多いと思います。ただし、そのワイン選びは困難を極めます。贈る相手がもしかしたらワイン通かもしれませんし、自分の好みとは全然違うかもしれない。相手が喜ぶワインを贈るのはなかなか難しいので「こんな気持ちで選びました」ということが伝わるのが一番。ワイン好きでもそうでなくても、喜んでもらえる魔法の1本です。

No.07

CHAMBOLLE-MUSIGNY PREMIER CRU
APPELLATION CHAMBOLLE-MUSIGNY PREMIER CRU CONTRÔLÉE
GRAND VIN DE BOURGOGNE
Domaine Comte Georges de VOGÜÉ
CHAMBOLLE-MUSIGNY (CÔTE-D'OR)
Réserve numérotée
N° 02022
2006
13,5% vol. 750 ml
PRODUCE OF FRANCE

特級畑ばりの1級畑。贅沢でお得なブルゴーニュ

Chambolle-Musigny Premier Cru 2006 Domaine Comte Georges de Vogüé

シャンボール・ミュジニー・プルミエ・クリュ 2006 ドメーヌ・コント・ジョルジュ・ド・ヴォギュエ

繊細に見えて、口に含むと力強い、嬉しい意外さ

　このワインは既に紹介しているエシェゾーと同じブルゴーニュのワインで、畑の位置もそれほど離れていないのに飲んでみるとやっぱり違う。これがブルゴーニュの面白さですね。

　シャンボール・ミュジニーは、ブルゴーニュの中でも最もデリケートな赤ワインを生み出す土地とされています。確かに、赤い果実のアロマがふわりと立ち上って口に含めばシルキーな喉越しで上品なワインが多い。ところがこの造り手、ヴォギュエのものはちょっと違う。色も濃くないし、若いうちは香りの線も細い。ところが口に含むとグッと飲み手を摑んで離さないグリップがある。繊細に見えて、本当はミネラルっぽくて力強い。嬉しい意外性があるワインです。

　耳寄りな蘊蓄もひとつ。このワインのラベルには、シャンボール・ミュジニー・プルミエ・クリュとだけ表示がありますよね。プルミエ・クリュとは1級畑のことで、普通はこのあとに畑名がつくはずですが、このワインにはない。なぜか？　本来このワインはグラン・クリュ（特級畑）のミュジニーなのに、造り手のこだわりから、敢えて格下げしているんです。

　ではなぜ格下げをわざわざするのかというと、ブドウの樹齢が若いから。ブドウというのは一般的に樹齢が高いほど優れたワインを生むとされています。だからこの造り手は樹齢25年以上でなければグラン・クリュにせず、それ未満のブドウはみな潔くプルミエ・クリュにしてしまうんですね。でも畑は正真正銘ミュジニー（特級畑）ですし、同じ手間をかけて造られています。両者の違いはミュジニーのほうが長熟、プルミエ・クリュのほうが早く飲めることくらい。しかも値段は2分の1から3分の1。

　この贅沢な香りと味をお得に味わえるなんて、そんな「おいしい」話、そうそうないと思います。

DATA

ぶどう品種：ピノ・ノワール　国・産地：フランス・ブルゴーニュ地方
造り手：コント・ジョルジュ・ド・ヴォギュエ
購入元：ワインセラーウメムラ　☎ 0564・22・0263
価格：19,950円

若木とはいえ、さすがは特級畑のミュジニーから生まれたワイン。ラズベリーや赤スグリなど赤い果実のアロマが奥ゆかしく香り、味わいはミネラルの緊張感。しかしながら、凝縮した果実味が後から盛りあがる。

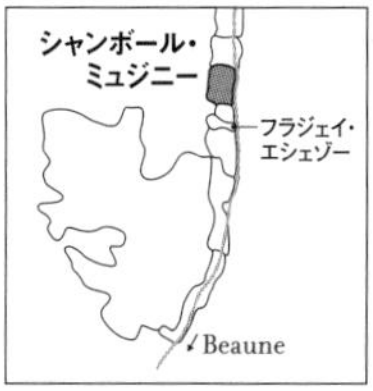

No.08

Calon Ségur
SAINT-ESTÈPHE
GRAND CRU CLASSÉ
Récolte
2010
Médoc

ラベルのハートマークが贈る相手の心を開く

Château Calon-Ségur 2010

シャトー・カロン・セギュール 2010

ラベルも素敵なら、中身も上質。格付け3級の伝統的メドック

ワインをラベルの美しさや面白さに魅かれて買うことを、よくジャケ買いと言いますが、このワインはジャケ買いの定番。大きなハートマーク（蕪ではございません！）がラベルを飾るワインなんて、そうそう見ませんよ。

これにはちゃんとした逸話があるんです。18世紀、フランスのボルドー地方にセギュール侯ニコラ・アレクサンドルという領主様がいました。ブドウ畑の王子と呼ばれるほどの土地持ちで、後に1級に格付けされるラフィットやラトゥール、ムートンなどのシャトーも所有していたそうです。カロンもその侯爵様のシャトーでしたが、今日の格付けで3級。当時の評価もラフィットやラトゥールには適わなかったでしょうが、侯爵はこう言ったと伝えられています。「われラフィットもラトゥールも造りしが、わが心はカロンにあり」。

それで後年、カロン・セギュールを手に入れたオーナーが、ラベルに大きくハートを描いたという次第。

ラベルばかりでなく、ワインの出来もすこぶる上等です。れっきとした3級シャトーですから当たり前と言えば当たり前ですが、歴代のオーナーもカロン・セギュールをこよなく愛し、質の高いワインを造り続けてきました。

ボルドーでもとても伝統的なメドックの風味で、カベルネ・ソーヴィニヨンの骨格とメルローのボディがバランスよくまとまっています。ひと口含むだけで、人の心を開かせることが出来る。そんなワインだと思いますね。

2000年ヴィンテージのカロン・セギュールを開けた時には、香ばしいチョコレートの香りが半径5メートルにわたって広がり、バレンタインデーのプレゼントとして人気があるのはハートマークだけでなく、これが理由かなとも考えました。男性に贈っても、女性に贈っても喜ばれるワインですね。

DATA

ぶどう品種：カベルネ・ソーヴィニヨン、メルロー、カベルネ・フラン
国・産地：フランス・ボルドー地方
造り手：シャトー・カロン・セギュール
輸入元：エノテカ ☎ 03・3280・6258　希望小売価格：13,125円

若いうちはカシスやブラックベリー、甘草、鉛筆の芯、熟成につれてスギや煙草が香ってくる。カベルネのタンニンをメルローの果実味が優しく包み込む。寒い年はやや硬めだが、暖かな年は鷹揚な味わい。

No.09

CAPARZO CA
LA CASA
Brunello
di Montalcino
Denominazione
di Origine Controllata e Garantita
2007
Vigna La Casa
CAPARZO

新築祝いや引っ越し祝いに最適だ!

Brunello di Montalcino “La Casa” 2007 Caparzo

ブルネッロ・ディ・モンタルチーノ“ラ・カーサ”2007 カパルツォ

トスカーナが誇る、偉大なるワインの、奥深き香りと味わい

万人に喜ばれる贈り物は定番に限る。つまり、フランスはボルドーで、イタリアならトスカーナが安心。

とは言うものの、トスカーナのワインでもキャンティでは軽く見られそうだし、スーパータスカンだとキワモノすぎて解説が大変。トスカーナの伝統的ワイン中、もっとも格が高く、受け取った方も「おおっ」と顔をほころばせる有名な銘柄。そう、ブルネッロ・ディ・モンタルチーノを、ここはひとつ選ぶことにしましょう。

この地方の代表的な地品種、サンジョヴェーゼの中でもサンジョヴェーゼ・グロッソと呼ばれる上質な系統を醸し、樽と瓶の中でじっくり寝かされたブルネッロ・ディ・モンタルチーノ。なんとも言えない、複雑で深みのある香りと味わいが飲み手を魅了してくれるでしょう。イタリアが誇る高級ワインのひとつでありながら、値段は法外に高くないのがいいところ。

数多あるブルネッロ・ディ・モンタルチーノの造り手の中で、僕が選んだのはカパルツォ。最新の醸造技術と伝統的な手法をうまく融合させた、バランスのよい造りに好感がもてます。カパルツォのブルネッロ・ディ・モンタルチーノはスタンダードでも十分に美味いのですが、残念なことにラベルがダサい。

贈り物はプレゼンテーションも大切。ラベルのデザインだけで贈り主のセンスが疑われますから、ほんのちょっぴり奮発して、上級の「ラ・カーサ」を選ぶことにしましょう。どうですか、一見シンプルだけど、クラシカルで風格があるでしょ?

カーサとはイタリア語で「家」という意味。まさにお屋敷の真ん前にある特別な畑で、ここで栽培されたブドウのみを使い、このワインは出来ています。新築祝いや引っ越し祝いにはぴったりのワインですよね。贈る時には、畑名の蘊蓄も忘れないように。

DATA

ぶどう品種:サンジョヴェーゼ・グロッソ　国・産地:イタリア・トスカーナ地方
造り手:カパルツォ
輸入元:日本リカー ☎ 03・5643・9770
希望小売価格:10,000円(税抜き)

深みのあるガーネットを帯びたルビー色。チェリーやブルーベリー、甘草、なめし革、腐葉土など香りは複雑。ほんのりバニラも。ボディは堅牢ながら、タンニンはすでにこなれている。長く心地よい余韻に脱帽。

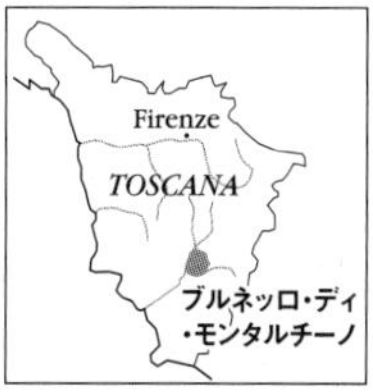

4

CHAPTER [04]

仕事仲間や友達と、
がっつり飲みたい時のボリュームワイン

ワインというと優雅なイメージがありますが、しっかり「酔わせて」くれる男前な一面があるのも魅力です。料理と一緒にガブガブ飲んでゆくも良し、食後に腰をすえてワイン1本を酌み交わすも良し。ひとりで飲んでもふたりで飲んでも、みんなで飲んでも美味しいのが、ワインの不思議。コストパフォーマンス良し、満足度満点のボリュームワインを知ってるとちょっとお得な気分になります。

No.10

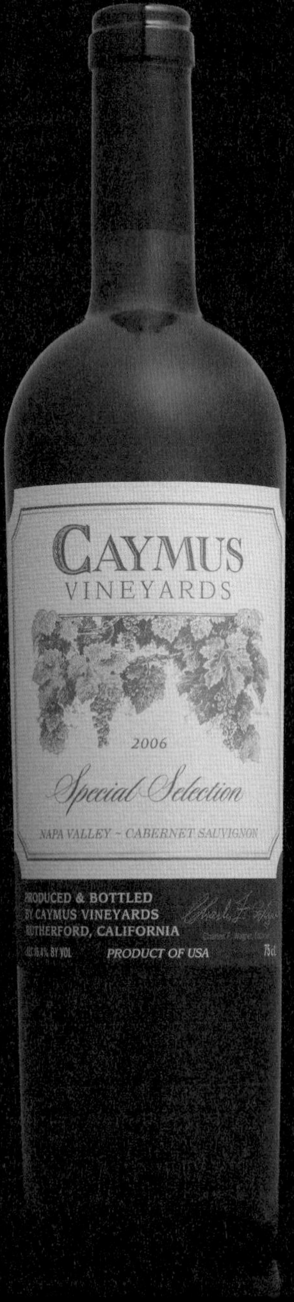
CAYMUS
VINEYARDS
2006
Special Selection
NAPA VALLEY ~ CABERNET SAUVIGNON
PRODUCED & BOTTLED
BY CAYMUS VINEYARDS
RUTHERFORD, CALIFORNIA
PRODUCT OF USA
75cl

入手困難なカルトワイン！ 余韻までバッチリ

2006 Caymus Special Selection

2006 ケイマス・スペシャル・セレクション

コルクの長さ 60 ミリ！ これも確かな品質の証

ケイマス・ヴィンヤードは 1972 年、カベルネ・ソーヴィニヨンのメッカ、カリフォルニア州ナパ・ヴァレーのラザフォードに、チャールズ・ワグナーが創立したワイナリーです。おすすめしたいのはこのワイナリーの「カベルネ・ソーヴィニヨン・スペシャル・セレクション」。その名のとおり、仕込んだ樽の中からベストなものだけを選りぬいて造った上級品ですね。

初ヴィンテージは 75 年。89 年には 84 年物が、94 年には 90 年物が、米国の権威あるワイン専門誌「ワイン・スペクテーター」でワイン・オブ・ザ・イヤーに輝いています。今ではこれよりも入手困難なワインがカリフォルニアにはいくらでもありますが、僕がワインに目覚めた頃は、ケイマスのスペシャル・セレクションって言ったら憧れの的でした。品質は今も昔も変わりません。いや、今のほうがむしろいいかもしれませんね。ナパのカベルネはとにかくインパクトが強く、凝縮感とアルコールのボリュームで飲み手に立ち向かってくる。とくにこのワインよりもずっと高価なカルト・カベルネには、そうした傾向の強いものが少なくありません。

ところが、スペシャル・セレクションはインパクトは強いのに、それ以外の要素、フレッシュな酸味とか骨格を形作るキメ細かなタンニンがしっかりしている。それがワインに、えも言われぬ気品をもたらしています。例えば、料理と合わせなくても、この１本だけで十分なほどの存在感。ハードチーズやチョコレートなどと一緒に、食後に飲むのがおすすめです。

このワインのコルクを抜いたらきっとびっくりするでしょう。なかなか抜けず、やっと抜けたと思ったら、これがやたらと長い！　測ってみたらなんと 60 ミリもありました。今どきボルドーの特級シャトーだって、これほど贅沢なコルクを使ってはいません。クオリティに対する自信といっさいの妥協を許さない姿勢が、こんなところにも現れている、堂々とした１本です。

DATA

ぶどう品種：カベルネ・ソーヴィニヨン　国・産地：米・カリフォルニア州
造り手：チャールズ・ワグナー
購入元：プレミアムリカーズ ☎ 042・649・3718
価格：19,000 円

シロック浸けのブラックベリーやダークチェリーを思わせる、豊潤な果実味。煎りたてのコーヒー豆のような香ばしい風味。それでいて適度な酸味とキメ細かなタンニン。素晴らしく調和のとれたナパのカベルネ。

No.11

TORBRECK
TORBRECK
BAROSSA
2010
The Struie
750mL made & bottled by Torbreck Vintners, Roennfeldt Road, Marananga, S.A

オーストラリアでベスト5の造り手

Torbreck The Struie 2010

トルブレック・ザ・スツルイ 2010

老練なシラーズが育む、ブドウの凝縮感と、含蓄たっぷりの風味

仲間がどぉっと集まって飲む時に、考え込んでしまうワインはダメですね。あるんですよ〜。グラスに向かって、「おまえさん、どうしてそんなに心を閉ざしているの？」と問いかけたくなるワインが……。

本物のワイン通ばかりが集まるパーティなら、そんなワインも話題になるから構わないんですが、そうでないと場がシラけちゃいますよね。

こういう時は断然、ニューワールドの大らかなワインに限ります。フランスやイタリアの偉大なワインほど、調子の波が大きく、開け時が難しいのはすでに説明済み。ニューワールドならおおむね、いつ抜栓しても香りが開いてるから、パーティにぴったりなんです。

ニューワールドと言ってもいろいろありますが、まずはカンガルーの国、オーストラリア。南オーストラリア州のバロッサ・ヴァレーを筆頭に、この国はシラーズ（フランスのシラーのこと）やグルナッシュ、ムールヴェードルなど、フランスのローヌ地方で栽培される品種のワインがとても素晴らしい。暑く乾燥した気候が、互いに似てるからでしょう。そしてオーストラリアのシラーズの銘醸家の中で、僕が５本の指に入ると思ってるのが、このトルブレックです。

つい最近、ワイナリーを離れることになってしまいましたが、創業者のデイヴィッド・パウエルがまたいい男。

古木のブドウ畑を探して、ワインを造るんです。古木というのはたくさん房をつけない代わり、非常に凝縮したブドウが実る。ほら、ふだんあまり喋らないお年寄りが、突然ボソッというひと言って、ものすごく含蓄ありますよね。そんな感じです。

「ラン・リグ」という怪物ワインもトルブレックにはありますが、この「ザ・スツルイ」は比較的手頃。「ワインってなんて楽しい飲み物なんだろう」と、素直に喜べますよ。

DATA

ぶどう品種：シラーズ　国・産地：オーストラリア・バロッサ・ヴァレー
造り手：トルブレック
輸入元：ミレジム ☎ 03・3233・3801
希望小売価格：7,000 円（税抜き）

深いルビー色をし、香りのインパクトも強烈。煮詰めたラズベリーにプラム、白コショウのスパイシーさ。わずかにブレンドされた冷涼なエデン・ヴァレーのブドウのおかげで、酸味のバランスは良し。陽気なワイン。

No.12

どこに出してもなめられないチリワイン

Clos de Fa 2007

クロ・デ・ファ 2007

クラシックなボルドーを彷彿とさせる、長期熟成も可能なチリ

ニューワールドのワインでも、カリフォルニアやオーストラリアはいくらか高級なイメージがありますが、90年代半ばのワインブームで、安い＆美味いで激しく売りまくったチリワインは、どうしても軽く見られてしまいがち。あのブームからはや15年。チリだって大きく進化しているのです。

なにしろ南米一の経済成長率を誇るチリ。いつまでも安くて美味い、車にたとえるならヴィッツやカローラばかり作っていては、儲けは出ないし、ブランドイメージも上がらない。それでトヨタがレクサスを、日産がインフィニティを立ち上げたように、チリワインもスーパープレミアムワインでその実力の高さを誇示しようと奮起したんですね。

その嚆矢が、ボルドーの1級シャトー、ムートン・ロッチルドと、チリ最大のワイナリー、コンチャ・イ・トロとのジョイントベンチャー「アルマビーバ」です。

このアルマビーバのプロジェクトに、当初から関わっていたのが、フランス人醸造家のパスカル・マルティ。彼はそれ以前にも、カリフォルニアにおけるムートンとロバート・モンダヴィのジョイントベンチャー「オーパス・ワン」に参画。さらにその後は、チリでコンサルタント業を始め、2000年代の半ばに自身のワイナリー「ビーニャ・マルティ」を創設しました。そしてラインナップの頂点に君臨するウルトラプレミアムワインが、ここでご紹介させていただく「クロ・デ・ファ」というわけです。

夫人のファビアンに捧げられたこのワイン、そんじょそこらのチリカベとは訳が違いますよ。若いうちから十分に楽しめるうえ、極上のボルドーみたいに長期の熟成でさらに進化するように仕立てられています。

チリワインを今でも安いだけが取り柄と思ってる連中に一泡吹かせるなら、これが一番ですな。

DATA

ぶどう品種：カベルネ・ソーヴィニヨン、メルロー、シラー　国・産地：チリ・マイポ・ヴァレー　造り手：ビーニャ・マルティ（ディオニソス・ワインズ）
輸入元：トゥエンティーワン コミュニティ ☎ 03・3401・1234
希望小売価格：9,975円

全体に凝縮感溢れ、よく熟したブラックベリー、ミント、オリーブ、バニラ、エスプレッソなど複雑なフレーバー。タンニンはしっかり存在感をもちつつ、豊かな果実味に溶け込んでいる。極上のボルドーのよう。

5

CHAPTER［05］

じっくりゆっくり「嗜み」たい、
大人ワイン

ワインというと、やはり料理と一緒に楽しんでいる人が大多数だと思います。そこで、僕がおすすめしたいのは、ワインを主役にして嗜む、という飲み方。手間ひまをかけて作り出された最高の1本を、料理と一緒に流し込むのでも、酔っぱらって前後不覚の時にあおるのでもなく、じっくりと「嗜む」。バーでウィスキーの替わりに、寝る前に心を落ち着けるために……至福の1杯になるはずです。

No.13

SHL
seit 1365
GRAND CRU CLASSÉ DE GRAVES
1995
CHATEAV
SMITH HAVT LAFITTE
PESSAC-LEOGNAN
S.H.L. S.E. DANIEL CATHIARD
A MARTILLAC (GIRONDE) FRANCE
750 ML
MIS EN BOUTEILLE AU CHATEAU

煙草の匂いがする個性的な注目ビオ

Château Smith Haut Lafitte 1995

シャトー・スミス・オー・ラフィット 1995

90年代から評価を上げている敏腕造り手の当たり年の1本

ボルドー市のすぐ南、ペサック・レオニャンというアペラシオン（産地呼称）のワイン。ボルドーの左岸でも、ムートンやラトゥールといった骨太のワインが居ならぶメドックではなく、もう少し繊細なワインの多いグラーヴ地区。その中でも優等生のシャトーが揃った地域がペサック・レオニャンです。

このエリアの代表的なワインはボルドー5大シャトーのひとつ、オー・ブリオンですが、その特徴が煙草を思わせるスパイシーな香り。本当はオー・ブリオンも捨てがたかったけど、とんでもなく値が張るので、ここは現実的なスミス・オー・ラフィットを僕はおすすめしたいと思います。

このシャトーは90年にオーナーが代わって、本当によくなりました。栽培はボルドーでは珍しく完全ビオ。ワイン造りのコンサルタントはカリスマ醸造家のミシェル・ロランで、彼が手がける他のワインほど濃厚でないところに好感がもてます。

ヴィンテージにもご注目。当たり年の95年です。18年の歳月を経て、本当に複雑なフレーバーが出ている。その中にやはり煙草が感じられます。口に含めば、タンニンは柔らかく滑らかで、フェミニンな上品さが広がる。一方で煙草のニュアンスがじつにセクシーでスパイシー。複雑さも含めて楽しめる注目の1本です。

ペサック・レオニャンのワインは、メドックのものよりも飲み頃は早めにくるので、今なら2004年とか2006年でも美味しく飲めると思います。運よく見つかればの話ですが……95年より更に安く手に入るはず。でも実は、最近は人気が高くて、なかなか入手できないのが悩みの種なので、この本が出たら僕はもっと悩むことになるでしょう。

このワインは是非、微妙な違いにも敏感な、大人の女性に試して欲しい。そんな女性への贈り物にもぴったりです。

DATA

ぶどう品種：カベルネ・ソーヴィニヨン 55%、メルロー 34%、カベルネ・フラン 10%、プティ・ヴェルド 1%　国・産地：フランス・ボルドー地方
造り手：ダニエル・カティアール　輸入元：エノテカ　☎ 03・3280・6258
希望小売価格：18,900円

典型的なグラーヴ（小砂利）土壌のテロワールによりブドウは完熟。カベルネとメルローとのブレンドがワインに素晴らしい調和をもたらす。とくにこの95年は秀逸な出来ばえ。

No.14

VINHO DO PORTO
WK
414509
04
GARANTIA
GRAHAM
OPORTO
W. & J.
GRAHAM'S
ESTABLISHED 1820
AGED 20 YEARS
TAWNY PORT
THIS WOOD-MATURED TAWNY PORT WAS PRODUCED USING TIME-HONOURED CRAFTSMANSHIP AND GENERATIONS OF EXPERIENCE. EACH CASK HAS BEEN INDIVIDUALLY SELECTED BY OUR MASTER BLENDER TO ENSURE GRAHAM'S UNIQUE CHARACTER AND QUALITY.
MASTER BLENDER
Lodge Reg. Nº:
WJGFR2012 A
CELLAR MASTER
e75cl
BOTTLED BY SYMINGTON FAMILY ESTATES, VINHOS, LDA., OPORTO. PRODUCT OF PORTUGAL
20% vol.

大人の男女に捧げられた甘美な酔い心地

Graham's Tawny 20 years

グラハム・トウニー20年

酒精強化と長期樽熟成による、大人の甘味とスモーキーなアフター

大人の男同士が深夜に飲む酒は、シングルモルトやコニャックといったハードリカーに限ります。ただし、お互い大人の男女となると、事情が変わってきますな。まず忘れてはならないのが、ふたりとも同じ酒を飲むこと。

男性がウイスキー、女性がシャンパンというシーンを、時折、バーのカウンターで見かけたりしますが、あれはいけません。飲むペースが違うので、会話がまるっきり嚙み合いませんし、男性のほうが先に酔ってしまう、最悪のシーンも考えられる。同じ酒を飲んでいればペースも同じだし、その酒自体が共通の話題を生むのできっと会話が弾みます。かと言ってバーでシングルモルトを嗜む女性は、それはそれで危険な香りが漂いますけど……。

それでは何を飲むべきか？　ずばり、私ならポートです。

ポートとは、ポルトガルで造られる酒精強化ワイン。高い糖分のブドウを発酵させ、その途中で強いアルコールを加えて発酵を停止。すると甘味が残り、アルコールも高いワインになります。

瓶で熟成させるタイプと木樽で熟成させるタイプがありますが、おすすめは後者。長期間、樽の中で寝かせたオールドトウニーというタイプが、大人の男女にぴったりです。

この「グラハム」はポートの造り手の大御所。オールドトウニーは平均樽熟成期間が10年から40年まで10年刻みでありますが、熟成感と価格のバランスにおいては、20年あたりが適当ではないでしょうか。

ひと口飲んでみるとわかるでしょうが、これほどシガーにぴったりなワインはありません。グランドピアノのあるバーでジャズのスタンダードナンバーに耳を傾けながら、片手にコイーバのロブスト、片手にグラハムの20年トウニー。甘美な酔いに浸りながら、男女の愛についてゆっくり語り合いましょう。

DATA

ぶどう品種：トウリガ・ナシオナル、トウリガ・フランカ、ティタ・ロリス等
国・産地：ポルトガル・ドウロ地方　造り手：グラハム
輸入元：アサヒビール ☎ 0120・011・121（お客様相談室）
参考価格：10,030円

マホガニーのように美しい褐色。香りはプルーン、デーツ、アーモンド、バニラ、ビターチョコ。上品な甘味とボリューム感。アフターのスモーキーなニュアンスがシガーにばっちり。女性には高級チョコを。

No.15

TAITTINGER
TAITTINGER
Nocturne
CHAMPAGNE
TAITTINGER
Nocturne
A REIMS
SEC
SEC

ラベルも淫靡なベッドタイム・シャンパン

Taittinger Nocturne Sec NV

テタンジェ ノクターン・セック NV

夜想曲という名が物語る、夜更けの1杯に適した、ほのかな甘さ

ディナーにフレンチのフルコースをたいらげた後、口の中をさっぱりさせたいと思うことがあります。そういう時にはバーかサロンに席を移して、僕はよくシャンパンを注文します。これを「締めシャン」と言ってます。

現在、世の中に出回っているシャンパンのほとんどが「ブリュット」と呼ばれる辛口で、最近はそのドライっぷりが強まる傾向にあります。これはこれで食前や食中にはぴったりですし、まだ仕事が残っている時には、眠気を覚ますのにちょうどいいんですが、愛する恋人や奥さん、あるいは意中の女性とのディナーを終えた後、食後の1杯として味わうには、いささか鋭角すぎるかもしれません。甘い夜に向けてソフトランディングさせてくれる、ロマンティックな泡が欲しいところです。

もともとシャンパンというのは甘口の飲み物でした。今では最後の甘味調整が1リットルあたり10グラム以下という例がほとんどですが、当時は100グラム以上。そんなスウィートなシャンパンを、ヨーロッパの王侯貴族は楽しんでいたようです。ですから、このような甘いシーンで僕がおすすめするシャンパンはこれ、テタンジェの「ノクターン」。「夜想曲」という名前のとおり、夜更けにぴったりのシャンパンです。ブリュットよりもほんの少し甘味を残したセックと呼ばれるカテゴリーで、落ち着きのある癒し系に仕立てられてます。ノンヴィンテージとしては長めの4年間におよぶ瓶内熟成で、フレーバーの複雑さも十分すぎるほど。モンラッシェやシャンベルタンといった偉大なワインを堪能した後でも、決して見劣りすることはありません。

なんと言ってもパープルのラベルがエロティック。紫は欲求不満の人が好む色だというけれど、このワインの仄かな甘みが誘うめくるめく夜が、貴方や恋人の欲求を満たしてくれるに違いない、まさに『ベッドタイム・シャンパン』と言うわけです。

DATA

ぶどう品種：シャルドネ 40%、ピノ・ノワール&ムニエ 60%
国・産地：フランス・シャンパーニュ地方　造り手：テタンジェ
輸入元：日本リカー ☎ 03・5643・9770
希望小売価格：9,000 円（税抜き）

キメ細かな泡立ちはまるで金の首飾り。ピーチやドライイチジクにブリオッシュのフレーバー。口に含むとアタックは柔らかく、まろやかな口当たり。フレッシュ感を伴いながらも、熟成により余韻は複雑。

6

CHAPTER [06]

赤ワインもひれ伏す、
偉大な白ワイン

僕自身、ワインと言えば、やっぱり赤だと正直思います。しかし、それは「私は赤ワインが苦手で……」なんて言う方に、「いえいえ、赤ワインは素晴らしいんですよ」と伝えたいから。ですから、逆に「僕は白は飲まないよ」なんて言う方には、「こんな白ワインがあるんです！」と胸をはってお伝えしたいのです。これが白？　これも白？　という嬉しい驚き満載の極上の白ワインです。

No.16

GRANDS VINS
2006
DE BOURGOGNE
PRODUIT DE FRANCE
Bâtard-Montrachet
GRAND CRU
APPELLATION BÂTARD-MONTRACHET GRAND CRU CONTRÔLÉE
Mis en bouteille dans nos caves
Marc COLIN et ses Fils
Eleveurs à SAINT-AUBIN - Côte-d'Or - France

バタールだけに、バターみたいにトロリ

Bâtard-Montrachet Grand Cru 2006 Marc Colin

バタール・モンラッシェ・グラン・クリュ 2006 マルク・コラン

グラスでどんどん花開く白ワインなのに婉然とした味

初の白ワインはバタール・モンラッシェ。世界最高の辛口白ワインと崇め奉られ、文豪アレクサンドル・デュマが「ひざまずいて飲むべし」とまじで言った、ル・モンラッシェの真下に位置する特級畑のワインです。

ふたつの特級畑は、ピュリニー・モンラッシェとシャサーニュ・モンラッシェという、隣接する村にまたがっています。なんちゃらモンラッシェとラベルにあっても、ピュリニー・モンラッシェは村名畑、バタール・モンラッシェは特級畑と、格が大きく違うので、ショップで買う時には気をつけるようにしましょう。

ブルゴーニュ地方の白ワインは原則的にシャルドネというブドウ品種のみから造られます(赤ワインはピノ・ノワールでしたよね)。ブルゴーニュの赤は畑によってこうも違うのかと驚かされますが、それは白も同じ。

このバタール・モンラッシェと、モンラッシェの上方にある特級畑のシュヴァリエ・モンラッシェとでは、これがまた全然違う。シュヴァリエがカチッとミネラルの固まりみたいなのに対して、斜面の下になるバタールのほうはもっとふっくら。名前のイメージ通り、トロリとバターのようなまさに豊満なワインになるんです。

本来、ピュリニーやシャサーニュ地域の白ワインはスラリと端正な出でたちなのに、特級畑のバタールは口に含むとグラマー。そんなふうにインテリで色っぽい二面性をもつところが、魔性の女を匂わします。楚々《そそ》と本を読んでるんだけど、そのタイトルをチラリ覗くと、実は谷崎潤一郎みたいな感じ。

これほど素晴らしい白ワインは慌てて飲んではもったいない。とっておきの日にふたりで見つめあいながら、じっくりその変化を楽しんで欲しいですね。やがて香りや味わいが頂点に達した時、お互いの視線がピタリと一致するはずです。

DATA

ぶどう品種:シャルドネ　国・産地:フランス・ブルゴーニュ地方
造り手:マルク・コラン
購入元:ワインコミュニティー ☎ 045・222・0341
価格:19,800円

世界に誇る銘醸辛口白ワインのひとつ。粘土質が強めの土壌から、濃密でリッチなワインが生み出される。香りはアカシアの蜂蜜にヘーゼルナッツ、バター。ホタテのバター焼きやロブスターのグリエとばっちり。

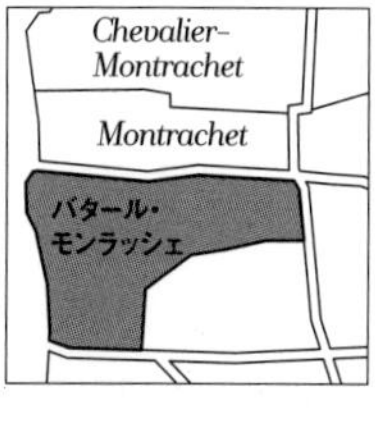

No.17

Kistler
Sonoma Coast
Les Noisetiers
2011
barrels produced

赤ワインを必要としないフルパワーの白

Kistler Sonoma Coast Les Noisetiers Chardonnay 2011

キスラー・ソノマ・コースト・レ・ノワゼッティエール・シャルドネ 2011

カリフォルニアのカリスマが造る、リッチでパワフルなシャルドネ

ワインは白から入って来られる人がとても多い。今では信じられない話ですが、ほんの20年前まで、フランスの次に日本で売れたワインはドイツの甘口白でした。最初のうちは赤ワインのもつ渋味に慣れないから当然です。

ところが赤ワインを飲み慣れてくると、半端な白ワインでは物足りなくなるんですね。とくに白ワインだけで食事を済まそうと思うと、それなりに重量感のあるワインでなければダメです。

赤ワインにはエレガンスを求める僕ですが、白ワインの場合はむしろパワー。そうでなければ、DRC のロマネ・サン・ヴィヴァンとかシャトー・マルゴーに親しんだ、赤ワイン絶対主義の人を納得させられませんよ、きっと。

さすがに王様モンラッシェは別格として、シャルドネから造られるブルゴーニュの白ワインも僕的には上品すぎます。リッチと言われるムルソーの1級畑、例えばシャルムを開けたとしましょう。最初のうちはとても満足してるんですが、2杯目の途中から物足りなくなって、次に何か赤ワインが欲しくなってしまう。

1本で満たされる白ワイン。それもべらぼうに高くないものというと、やっぱり「キスラー」のシャルドネだと思います。

カリフォルニアのソノマ・コーストで造られるこのワインは、リッチでオイリー。「レ・ノワゼッティエール」はヘーゼルナッツの木の意味ですが、オーク樽に由来するナッティな香りも、豊潤なフルーツの風味と一体となって、ほどよくいい案配に感じられます。ほんとにこれ1本で十分。赤ワインを必要としない特別なパワーをもってますね。

相手が魚料理を選んだのに、こっちは肉を食べたい時ってあるじゃないですか。そんな時でも両方を満足させられる、懐の深い白ワインだと思いますよ。

一度ぜひ試してみてください。

DATA

ぶどう品種：シャルドネ　国・産地：アメリカ・カリフォルニア州
造り手：キスラー・ヴィンヤーズ
輸入元：エノテカ ☎ 03・3280・6258
希望小売価格：10,500 円

美しいゴールデンイエロー。黄桃、蜂蜜、バター、ヘーゼルナッツなど香りからしてリッチ。口に含むとトロリとした厚みが舌に感じられ、ボリュームも大きい。ほどよい酸味が調和。モンラッシェ並みの力感。

No.18

マニア心をくすぐる最強の白ワイン

Blanc Fumé de Pouilly “Silex” 2009

ブラン・フュメ・ド・プイィ “シレックス” 2009

火打ち石の土壌から、ブドウ、ワインへと受け渡されるミネラル感

白ワインのパワフルさには2種類あると思います。ひとつは太陽の恵みによる力強さ。もうひとつは土壌がもたらす力強さです。キスラーのシャルドネが太陽由来のものとするならば、こちらはずばり土壌。ディディエ・ダグノーのプイィ・フュメ「シレックス」です。

残念ながらディディエは5年前、飛行機事故で亡くなり、今は息子のルイ・バンジャマンが跡を継いでいます。もちろん、その思想と造りは父譲りで、品質にも差は感じられません。

ディディエは近所の造り手たちが農薬をまき散らしたり、楽して機械収穫をしている状況に我慢なりませんでした。それで化学肥料や農薬を使わずに畑を馬で耕し、月の運行を目印に作業を行うビオディナミ農法を採り入れました。

信じられないほど収穫量を切り詰め、さらに昔ながらのオーク樽をワインの熟成に使い、おじいさんの時代のように力強く、長く寝かせられるプイィ・フュメを造ろうと努力したのです。周りからは変人扱いを受けながら……。

シレックスとは火打ち石のこと。ブドウ畑にはその火打ち石がゴロゴロしています。このシレックス土壌がソーヴィニヨン・ブランというブドウ品種に爆発的なミネラルを与えて、愚直なまでに硬く、飲み頃になるまで時間のかかるワインを生み出すんですね。

他の造り手のプイィ・フュメは、ただシャバシャバした白ワインばかり。シレックスには、ディディエ・ダグノーの魂と一緒に、大地のエネルギーが詰まってます。

マニアックで万人向けとは言えませんが、最強の白のひとつであることは間違いないでしょう。

隕石のように見えるボトルの絵が、その火打ち石。ダグノーのプイィ・フュメには「アステロイド」という超絶アイテムもありますが、それはまたの機会に……。

DATA

ぶどう品種：ソーヴィニヨン・ブラン　国・産地：フランス・ロワール地方
造り手：ディディエ・ダグノー
輸入元：フィネス ☎ 03・5777・1468
希望小売価格：オープン価格

若いうちはそっけなく、なんとなく柑橘系のアロマがするだけ。ところが熟成が進むと香りは開き、最終的にはまるで白トリュフを思わせる。酸味はいつまでも生き生きと、硬質なミネラルたっぷりの力強さ。

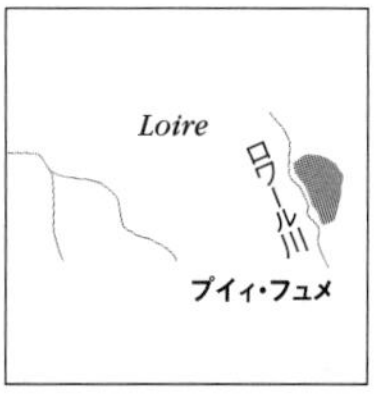

7

CHAPTER [07]

お祝いにもデートにも！
誰もが喜ぶ一流シャンパン

女性はとにかくシャンパンが大好きです。そして、お祝いと言ったらやっぱりシャンパン。それだけ出番も多いので、「シャンパンと言えば……」と世の中で有名なものもあります。でも、まだまだあまり知られていない、素晴らしいシャンパンはたくさんあるのです。誰もが知ってる1本より、誰にも教えたくないくらい特別な1本のほうが、シャンパンとしては一流ではないでしょうか。

No.19

樽の香漂う可愛い顔の勝負シャンパン

Henri Giraud Code Noir Rosé NV

アンリ・ジロー・コード・ノワール・ロゼ NV

鴨料理にも合う、ロゼシャンパンの逸品

シャンパンが、シャンパーニュ地方で造られた発泡性ワインだけを指すのはもう常識。シャンパーニュ地方はパリからTGVで45分、フランス最北のワイン産地です。

アンリ・ジローはピノ・ノワールの産地として有名なアイ村を拠点とする比較的小さなシャンパン・メゾン。オーク樽で発酵、熟成させ、長期瓶熟成させた「フュ・ド・シェーヌ」(なんとコルクの留め金が18金メッキ)が有名ですが、このコード・ノワール・ロゼの品質だってそれに優るとも劣りません。黒ブドウのピノ・ノワール100パーセントから造った白ワインに、アイ村産のピノ・ノワールのみからなる赤ワインを10パーセントだけ混ぜて、この美しいロゼ色を表現。ベースワイン(原酒)は樽醸造だから、なんとも香ばしい、複雑なフレーバーがヌラヌラッと出てきます。

果実感ばかりを強調するロゼ・シャンパンの多い中、このコード・ノワール・ロゼは異色。僕の大好きなピノ・ノワールだけを使っているという点も関係しますが、この複雑な香りや味わいが、そうした凡百《ぼんびゃく》なロゼ・シャンパンに格の違いを訴えてくれます。普通シャンパンは、白カビ系のシャウルスなどのチーズが良き相棒です。でも、これは、軽く黒こしょうをかけたパルミジャーノなんかも合うかもしれません。いずれにしても従来のシャンパンのイメージを変えてくれる1本ですね。

現在、シャンパンの一次発酵には効率を優先してステンレスタンクが使われています。けれども、昔はこの地方からほど近い、アルゴンヌの森で伐採されたオーク材の樽を用いていました。アンリ・ジローはその古きよき伝統を守っているメゾンです。ドン・ペリニヨンだけでなく、こういう造りのシャンパンがあることも覚えておくと、楽しみ方も広がると思います。女性はシャンパンが好きな人が多いですが、これはボトルも含めて女性の大好物間違いなし!

DATA

ぶどう品種:ピノ・ノワール　国・産地:フランス・シャンパーニュ地方
造り手:アンリ・ジロー
購入元:ワインセラーウメムラ ☎ 0564・22・0263
価格:13,440円

樽発酵・樽熟成がお得意のアンリ・ジロー。このコード・ノワール・ロゼも同じ手法を用い、マッシュルームや湿った土など複雑なフレーバーが醸し出される。鴨料理にもいけそうなほどボディのあるシャンパン。

No.20

PIERRE CALLOT
CLOS JACQUIN
BRUT
BRUT
CHAMPAGNE
BRUT
Pierre Callot
CLOS JACQUIN
à AVIZE
GRAND CRU
750 ml

誰にも教えたくなかったとっておき

Pierre Callot Clos Jacquin NV

ピエール・カロ クロ・ジャカン NV

猫の額ほどの畑で生まれる、年産わずか 700 本のシャンパン

今回ご紹介するワインの中で、僕自身、いちばん誰にも教えたくなかったのがこのシャンパン。ピエール・カロの「クロ・ジャカン」です。

シャンパンを贈られて、喜ばない人を僕は知りません。とは言っても、シャンパンならどれでも構わないわけではないはず。誰もが諸手を挙げて喜ぶ商品だからこそ、贈るほうはこだわりをもって選ぶべきだと思うんですね。なので、秘密にしておきたい気持ちはやまやまながら、この本を買ってくださった皆さんにだけ、特別に教えることにしちゃいます。

モエ・エ・シャンドンやヴーヴ・クリコといったメジャーな銘柄は皆さんもご存じでしょう。これら大手の生産者は広大なブドウ畑を持っていますが、それでも原料が足りずに栽培農家からブドウを買い、シャンパンを生産しています。その一方、自分の畑で収穫したブドウのみを使ってシャンパンを造っている、規模の小さな栽培農家がいます。これが昨今流行りの、RM シャンパンというものです。RM とはレコルタン・マニピュランの略で、シャンパン造りをする栽培農家という意味ですね。

大手生産者のシャンパンは安定した品質ですが個性に乏しく、反対に RM シャンパンは、造り手の個性が強い分、年によるバラつきが大きいと、一般に言われます。

ピエール・カロも、グラン・クリュ（特級畑）のアヴィーズ村にある RM のひとつですが、やはり個性が強い。クロ・ジャカンとはこの村の急斜面に位置する畑から造られた、特別なシャンパン。カロがこの畑に所有する面積はわずか 1000 平米で、生産量は驚くなかれ、たったの 700 本！

なぜ僕が教えたくなかったのか、これで十分おわかりいただけたでしょう。僕の知る限り、この価格帯で最高のシャンパンです。

DATA

ぶどう品種：シャルドネ　国・産地：フランス・シャンパーニュ地方
造り手：ピエール・カロ
輸入元：出水商事 ☎ 03・3964・2272
希望小売価格：オープン価格

色は濃厚でキメ細かな泡。蜂蜜、ドライフルーツ、ヘーゼルナッツ、ブリオッシュと実に複雑なフレーバー。熟成したブラン・ド・ブランがもつ香ばしい風味。非常に自己主張が強く、余韻にさえ一種のコクを感じる。

No.21

BOLLINGER
MAISON FONDÉE EN
1829
AY
FRANCE
LA GRANDE ANNÉE
CHAMPAGNE
BOLLINGER
2004
BRUT

もっと知られて欲しいこだわりのシャンパン

Bollinger La Grande Année 2004

ボランジェ ラ・グランダネ 2004

大手ながら、木樽発酵、コルク栓熟成など手間をかける職人技

クロ・ジャカンは誰にも教えたくないシャンパンでしたが、こちらはみんなにもっと知って欲しいシャンパン。ボランジェの「ラ・グランダネ」です。現行は2004年ヴィンテージ。

ボランジェも、モエ・エ・シャンドンやヴーヴ・クリコと同じく大手メゾンのひとつですが、工業的な大量生産をせず、ワイン通の間では職人気質のシャンパン造りで知られています。

例えば、大手としては珍しく、シャンパンの原酒をオーク樽で発酵させていますが、そのオーク樽を修理するため、メゾンには専門の樽職人が常駐しています。

しかもこの樽職人、MOF（フランス国家最優秀職人章）を受章した立派な人物なんですね。それから瓶熟成中のシャンパンは、澱抜きまでの間、メタルの王冠で密栓されるのが普通ですが、ラ・グランダネには伝統的なコルクと留め金が使われています。熟成期間が長いと王冠は内側の樹脂が弱って、酸化しやすくなるそうです。でもコルクは王冠と違い、機械で開けるわけにはいかないので、これはこれで手間がかかるはず。

さらにもう1点。ボランジェにはラ・グランダネの下に、ノンヴィンテージの「スペシャル・キュヴェ」というアイテムがあります。これに使われるリザーヴワイン（過去の収穫年のワイン）をマグナムボトルで保存するなど、もう、そのこだわりぶりと言ったら半端じゃないんですよ。

ところで、こうした手作り感いっぱいのシャンパンが好きな男が、じつは僕以外にもいるんですね。誰かって？ （ダニエル・クレイグの口調で）「ジェームズ……、ジェームズ・ボンド」。007シリーズに出てくるシャンパンを、注意深く見てごらんなさい。初期の作品にはいくつか例外があるけれど、ボンドご用達のシャンパンと言ったら、ボランジェのグランダネ。贈り物としてばっちりのエピソードでしょ。

DATA

ぶどう品種：ピノ・ノワール、シャルドネ　国・産地：フランス・シャンパーニュ地方　造り手：ボランジェ

輸入元：アルカン ☎ 03・3664・6551

希望小売価格：16,800円

色調は深いゴールド。アタックはスムーズでクリーミー。蜜リンゴ、花梨、ヘーゼルナッツ、ブリオッシュ。香ばしく複雑なフレーバー。集中力がありボディ豊か、筋肉質の味わい。男性的な魅力に、女性もイチコロ。

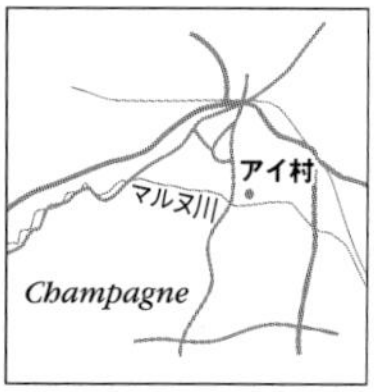

8

CHAPTER [08]

男同士で朝まで語り合える
がっつりワイン

好きな異性とでもなければ夜通し話をするなんて難しい……というわけはありませんね。意外と同性同士、話がつきない夜もある。そんな時は、朝まで焼酎もいいですが、ここはがっつりワインはいかがでしょう。ワインを飲んでいると、しみったれた愚痴ではなく、かっこいい夢を語りたくなるのは、ワインのもっている威力というものかもしれません。

No.22

2003
Product of France
Clos de Tart
GRAND CRU
APPELLATION CONTROLÉE
MOMMESSIN
Seul Propriétaire
Mise du Domaine
MOREY ST-DENIS (CÔTE D'OR) FRANCE

派手なのに寡黙。いい男のワイン

Clos de Tart 2003

クロ・ド・タール 2003

猛暑も乗り切った、赤黒いブルゴーニュ

今回のワインは「ブルゴーニュの至宝」とも言われる、歴史ある特級畑クロ・ド・タール。13、25 ページで、シャンボール・ミュジニー村のワインを紹介したけど、これはその隣、モレ・サン・ドニ村のクロ・ド・タールという畑のワインです。

クロ・ド・タールはモメサン家のモノポール。モノポールというのはオーナーがひとりしかいない単独所有の畑のことを指します。ナポレオン以来の均分相続制で、ひとつの畑を何人ものオーナーが細切れに所有しているブルゴーニュでは珍しい例ですね。

この畑はシトー派の女子修道会によって造られ、フランス革命で国庫に没収された後、マレイ家というお金持ちが買いとりました。マレイ家の時代が 140 年続き、1932 年に手に入れたのが現在のモメサン家。つまり今までに 3 つのオーナーしかいない、由緒正しきグラン・クリュです。モレ・サン・ドニ村のワインは、ブルゴーニュで一番エレガントな隣のシャンボール・ミュジニー村と比べると、やや武骨なイメージがあります。しかし、クロ・ド・タールからはやっぱり優雅さが感じられるから、不思議ですね。

このワインを見たてた理由は、香りの派手さとは裏腹の、内に秘めた寡黙な感じと力強さ。猛暑をも乗りこえた 03 年という作柄にも意味があります。グラスに注いだ瞬間、色の濃さにびっくりするはず。味も濃いのかと言ったら、それは誤解。クロ・ド・タールはブドウの畝が東向き斜面に対して平行だから、山側の葉を残すことで、強い西日からブドウを守ることができる。これが猛暑の年でも過熟なワインにならない秘密だと、この畑を管理する、シルヴァン・ピティオという責任者が言っていました。

ヴィンテージによってはけっこう高価なワインになりますが、樹齢の若いブドウから造られた、セカンドワインの「ラ・フォルジュ・ド・タール」なら 1 万円前後で買えるはず。まずはこれを試してみるのもよいかもしれません。

DATA

ぶどう品種：ピノ・ノワール　国・産地：フランス・ブルゴーニュ地方
造り手：シルヴァン・ピティオ
購入元：うきうきわいんの玉手箱 ☎ 073・441・7867
価格：19,800 円

80 年代から一時、スランプの時代があったものの、95 年にシルヴァン・ピティオ氏が醸造責任者に就き、本来の姿を取りもどした。03 年は濃密なラズベリーやカシスの香り。複雑で精緻。土っぽい風味を残す。

No.23

Château d'Ampuis
Château d'Ampuis
2008
Château d'Ampuis
PRODUIT DE FRANCE - PRODUCT OF FRANCE
CÔTE-RÔTIE
APPELLATION CÔTE-RÔTIE CONTRÔLÉE
E.GUIGAL
VINIFIÉ, ÉLEVÉ ET MIS EN BOUTEILLE PAR E. GUIGAL, CHÂTEAU D'AMPUIS

男っぽいシラーなら、朝まで哲学が語れる

Côte-Rôtie “Château d’Ampuis” 2008 E. Guigal

コート・ロティ“シャトー・ダンピュイ”2008 E. ギガル

コート・ロティを牛耳るギガル帝国の、バランス重視型ワイン

一般論として、シラーはじつに男っぽいブドウ品種だと思いますね。濃厚でアルコールが高く、スパイシーでパンチが効いている。か弱い女性に飲ませたら、ひと口でまいってしまいそう。反対に、口うるさい女性には、シラーを飲ませてしばらく黙っていてもらうという手もありますが……。

いずれにせよ、男同士、朝まで語り合うなら、シラーはよい選択。会話のテンションも必然的に上がるでしょう。

シラーから造られるワインにもいろいろありまして、王道中の王道は北部ローヌ地方のもの。中でもコート・ロティが僕は好きですね。エルミタージュもいいんですが、ちょっと上品すぎて、男臭さが半減です。

コート・ロティと言ったらギガルの天下。1946年に創業して、わずか3代の新興勢力ながら、あのカリスマワイン評論家、ロバート・パーカーの覚えもめでたく、数々の古参の造り手を傘下におさめて、ローヌ一帯に巨大な帝国を築いてしまいました。その傘下のワイナリーには、創業者のエティエンヌ・ギガルが独立前に奉公していたという、ヴィダル・フルーリィ社もあるんですから、すごいもんですね。

ところで、ギガルには、「ラ・ムーリーヌ」「ラ・ランドンヌ」「ラ・テュルク」という3つの最上級コート・ロティがあります。でも、それらはあまりに高価。初ヴィンテージの96年を飲んで以来、そのバランスの良さが忘れられない「シャトー・ダンピュイ」が目下の一押しです。

夜に開けても朝まで香りをプンプンさせ、力感ある風味を少しも失いません。ある意味、質実剛健なワインなんですね。同時に伊武雅刀ばりの低い声で哲学を語る、知的な側面も持ち合わせています。

月明かりの下、男同士でカントの哲学や宇宙の量子論を語るには、もってこいのワインですよ。

DATA

ぶどう品種：シラー 95%、ヴィオニエ 5%　国・産地：フランス・ローヌ地方
造り手：ギガル
輸入元：株式会社ラック・コーポレーション ☎ 03・3586・7501
希望小売価格：12,600円

煮詰めたブラックベリーやプルーンを思わせる濃密な果実香。バニラやチョコレートの香ばしいニュアンス。口に含むとアタックは強く、ボリューム感たっぷり。果てしなく続く、スパイシーなアフターテイスト。

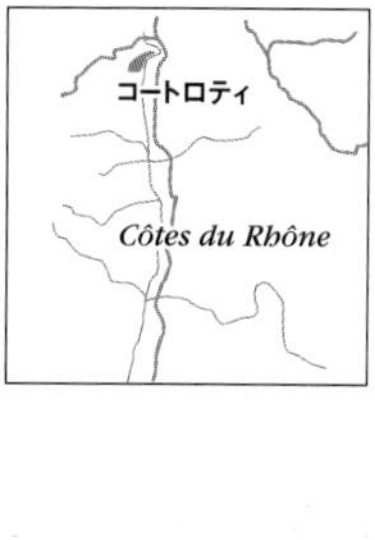

No.24

冗談好きの仲間と朝まで会話を楽しむ

Frog's Leap
Cabernet Sauvignon Napa Valley 2010

フロッグス・リープ カベルネ・ソーヴィニヨン・ナパ・ヴァレー 2010

カベルネとしては柔らかく、ビロードのように優しいタンニン

男同士が朝まで語り合うにふさわしい、もう1本のワインはカリフォルニアの王道、ナパ・ヴァレーのカベルネ・ソーヴィニヨン。

同じカベルネから造られるワインでも、フランスのボルドー産だと、ひと晩中、禅問答をしているようで、正直言って疲れてしまうんですよ。ボルドーの偉大なシャトーには隙がありませんから。

その点、ナパ産ならどこかくだけた雰囲気もあるので、まじめな話の途中でギャグをかますのも余裕ですね。

さて、カリフォルニアのカベルネ・ソーヴィニヨンで、目下、僕のお気に入りはこれ。ナパ・ヴァレーの「フロッグス・リープ」です。アメリカ圏に行って見つけると、必ず選ぶくらい大好きなワイナリーですね。

創業のエピソードも素敵です。オーナーで醸造家のジョン・ウィリアムズは、自身のワイナリーを立ち上げるにあたり、宝物にしていたBMWのバイクを売り払ってお金を作ったそうです。

彼はそれ以前にナパの名門、スタッグス・リープ・ワイン・セラーズで働いていたので、ワイナリー名はそれをもじって「フロッグス・リープ」（カエルの跳躍）にした……というエピソードも笑えますな。

ワイナリーはまた、カリフォルニアにおけるオーガニック栽培の草分けで、ジョンの風貌もどこかヒッピー風。金融やITで巨万の富を手にしてからやってくる、ウルトラリッチなワイナリーオーナーが増えた今のナパでは、異色の存在かもしれません。彼の反骨精神にはどこか魅かれるものがありますね。

そんなわけなので、このワインは冗談好きの愉快な仲間と一緒に飲みたいですね。ガツンと強いわけではなく、シルキーなタンニンだからわりとスイスイ飲める。ウィットの効いた会話が朝まで続く。そんな気がします。

DATA

ぶどう品種：カベルネ・ソーヴィニヨン 89%、カベルネ・フラン 11%
国・産地：アメリカ・カリフォルニア州　造り手：フロッグス・リープ・ワイナリー
輸入元：幸せの酒 銘酒市川 ☎ 0120・89・1713
希望小売価格：7,665円

ほどよく熟したブラックベリーにプラム、甘草、シナモン、バニラなどのスパイシーなニュアンス。タンニンは果実味の中に溶け込み、ビロードのような喉越し。若いうちからグイグイ楽しめ、熟成させても面白そう。

9

CHAPTER［09］

気心の知れた人とワイワイ
楽しみたい「お仲間」ワイン

気心の知れた仲間と飲むワインは、肩肘はらず気取らず、とにかく気心知れたワインを飲むのが一番。難しい蘊蓄も、ワインが開くまでの時間も必要なくて、とにかく開けた瞬間から最高の味が味わえる1本でなければいけません。そういった意味では、初心者にもおすすめのフレンドリーワイン。ワインは難しいだけではなくて、こんなに楽しいものもあると知ると、もっと身近に感じられると思います。

No.25

Notre treizième vendange a produit 12000 bouteilles
Château
de
Valandraud
SAINT-EMILION GRAND CRU
APPELLATION
SAINT-ÉMILION
GRAND CRU CONTRÔLÉE
2002
MIS EN BOUTEILLE AU CHATEAU
M. ANDRAUD PROPRIETAIRES A SAINT-ÉMILION - GIRONDE - FRANCE

一夜にして有名になったシンデレラワイン

Château de Valandraud 2002

シャトー・ド・ヴァランドロー 2002

既成勢力とぶつかって大きくなったベンチャー魂ワイン

造り手のジャン・リュック・テュヌヴァンは、とてもやり手。ベンチャー魂に溢れた人であり、マーケティングの天才でもあります。

サンテミリオンに0.6ヘクタールばかりの畑を手に入れたジャン・リュックと奥さんのミュリエルが、ガレージを改造した醸造所で、91年に1500本ばかりのワインを造りました。これが最初のヴァランドローで、値段は1本1000円。それから5年後、ロンドンのクリスティーズで95年産ボルドーワインのプリムール（瓶詰前の新酒）がオークションにかけられました。その時、ラトゥールやムートンなど錚々《そうそう》たるシャトーを尻目に、1ケース34万円の最高値で落札されたのが、当時無名のこのワインだったから大騒ぎ。一夜にして高額ワインの仲間入りをしたため、シンデレラワインとも呼ばれています。

それからテュヌヴァンは少しずつ畑を広げ、現在、ヴァランドローの面積は10ヘクタール。もともと商才に長けていたのか、彼はその後もシャトーを増やし、マルゴーではボルドー左岸初のガレージワイン、マホジャリアを手がけたりもしました。2000年には、雨水が地面に染み込まないようにビニールシートをはったことで、おえらいさんからおとがめがあり、そのワインは原産地名を記せなくなった。そこで、シャトー名を伏せてテーブルワインにあえて格下げし、「ヴァランドロー禁止」という名前で出して話題に。なんともジョークが効いています。

そして2012年、飛び込んできたのが格付け入りのニュース。サンテミリオンは原則として10年に1度、格付けの見直しをしますが、前回06年の格付けはすったもんだの揚げ句、無効になってしまいました。それで12年に新しい格付けが作られ、ヴァランドローが初めて選ばれている。しかも相撲で言えば大関にあたるプルミエ・グラン・クリュ・クラッセBという快挙。また値段が上がっちゃうかもしれません。

DATA

ぶどう品種：メルロー、カベルネ・フラン etc.　国・産地：フランス・ボルドー地方　造り手：ジャン・リュック・テュヌヴァン
輸入元：ワインプレスインターナショナル ☎ 072・461・2055
希望小売価格：14,490円

ミシェル・ロランのラボがコンサルタントしてることもあり、偉大な年はトゥーマッチな濃さだが、02年は抑えの効いたバランスの良さ。ほどよく熟成し、黒い果実の中に土っぽさが現れている。まさに飲み頃！

No.26

格付けに反抗するベンチャー精神を味わえ

Giusto di Notri 2008 Tua Rita

ジュスト・ディ・ノートリ 2008 トゥア・リータ

トスカーナ沿岸の温暖な気候が生み出す、小粋なボルドースタイル

僕の友達にはベンチャー企業の成功者が数多くいます。彼らとワイワイ騒ぎながら飲むのは実に愉快。

それでは、ワイワイと酔っ払いながら開けるなら、どんなワインでも構わないかと言うと、そうはいかないんですね。ちゃんとストーリー性があって、当然、美味しいワインを選びたい。それまでバカ騒ぎしていたのに、新たなワインの注がれたグラスに口を付けた瞬間、ふと我に返る。「なんだこの美味さは!」。そんな場面に出合えたら最高ですね。

このトゥア・リータの「ジュスト・ディ・ノートリ」は、スーパー・タスカンと呼ばれるワインのひとつ。カベルネ・ソーヴィニヨンやメルローなど、フランス系のブドウ品種を用い、フレンチオークの樽で熟成させてます。

スーパー・タスカンの嚆矢が「サッシカイア」。このワインが登場した70年代当時は法律の規定から逸脱していたため、イタリアのワイン法上、最も格下のヴィーノ・ダ・ターヴォラにあてられました。つまりただのテーブルワインという扱いです。

ところが78年、英国の最も権威あるワイン雑誌「デカンター」のコンテストで、ベスト・カベルネに選ばれ人気爆発。やがて、キャンティ・クラッシコやブルネッロ・ディ・モンタルチーノなど、この地域の伝統的ワインより高値で取り引きされるようになってしまいました。まさに下克上です。

その後は雨後の筍のように、トスカーナの沿岸地域には野心をもった造り手が現れ、数々の名酒を生み出しました。

ジュスト・ディ・ノートリもそのひとつです。カンティーナ(ワイナリー)の創業は92年。オーナーは元テレビゲームの販売代理店を経営と言うんですから、ベンチャー精神を感じますね。このカンティーナは「レディガッフィ」というすごくマッチョなワインも造ってますが、こちらのほうがより無難で優しい味わいです。

DATA

ぶどう品種:カベルネ・ソーヴィニヨン 60%、メルロー 20%、カベルネ・フラン 10%、その他 10%　国・産地:イタリア・トスカーナ地方　造り手:トゥア・リータ
輸入元:モトックス ☎ 03・5771・2823
希望小売価格:8,500 円(税抜き)

上質のボルドーを彷彿とさせる、凝縮感のあるフレーバー。ブラックベリー、甘草、バニラ、ビターチョコ。緻密でキメの細かなタンニンと豊かな果実味が協調し、均整のとれた体軀。スパイシーな余韻が心地よし。

No.27

TERROIR AL LÍMIT SOC
Vi de costar
ARBOSSAR
TORROJA DEL PRIORAT · PRODUCTE D'ESPANYA
TERROIR AL LÍMIT SOC. LDA.
PRIORAT
DENOMINACIÓ D'ORIGEN QUALIFICADA
T P
Elaborat i embotellat a la propietat per
R.E 29.901.04 CAT, Torroja del Priorat. Lo
0.75 14.0 3486 2008
Litres % alc. Botelles Collita

キノコ料理と一緒にワイワイ飲めば極楽

Arbossar 2008 Terroir al Limit

アルボサル 2008 テロワール・アル・リミット

プリオラートとしては異例な静寂感が漂う、観念的なワイン

今、スペインが一番熱いと感じて、「神の雫」でもスペインワイン編を展開しました。そのために現地へと旅行に出かけ、取材中に意気投合した造り手が「テロワール・アル・リミット」のドミニク・フーバーです。彼もまた、ベンチャー精神の持ち主でしたね。

ドミニクがワインを造っているのはカタルーニャ地方のプリオラートという産地。長年見捨てられていたこの土地を、80年代末に再発見したのは、後に4人組と呼ばれる造り手たちでした。

彼らのワインは土着の品種にカベルネやシラーなどフランス系の品種をブレンドし、フレンチオークの小樽で熟成させたもの。凝縮感が強く、パンチの効いたスタイルで、瞬く間にアメリカのワインジャーナリズムで高評価を受けることになりました。このあたりの経緯はイタリアのスーパータスカンと似てますね。

ところがドミニクと彼のパートナーであるイーベン・セイディの考え、理想とするワインのスタイルは、それとも違ったんですね。もっとテロワールに忠実で、カリニェーナやガルナッチャといった、土着のブドウ品種を生かしてワイン造りをしてみたい。そう考えました。

それでドミニクやイーベンは、テロワールの限界に挑戦するという意志を込め、ワイナリーにテロワール・アル・リミットと命名。テロワールを色濃く表現するため、単一畑ごとに細心の注意を払ってワイン造りをしています。

この「アルボサル」も畑の名前で、カリニェーナというブドウ品種100パーセントから造られたもの。パンチの効いたワインが多いプリオラートにあって、異例なくらいに静寂感の漂う、観念的な飲み心地。

このワインをドミニクの奥さんが作ってくれたキノコ料理に合わせて飲むと、じつに美味い。その晩は気心の知れた仲間たちと、多いに楽しみました。

DATA

ぶどう品種：カリニェーナ 100%　国・産地：スペイン・カタルーニャ地方
造り手：テロワール・アル・リミット
輸入元：ワイナリー和泉屋 ☎ 03・3963・3217
希望小売価格：8,800円（税抜き）

チェリー、ラズベリー、赤スグリなど可憐な果実香がチャーミング。それら赤い果実の風味が口いっぱいに広がり、続いてミネラル。タンニンは穏やかで、粗野な印象はまったくなし。女性的な優しさに溢れたワイン。

10

CHAPTER [10]

年下に教えてあげたい
レクチャーワイン

ワインは年齢によって楽しめるステージが違います。もちろん若い時からすごいビンテージの最強ワインを楽しむのもアリですが、本当は年相応な楽しみ方があるのです。例えば、いずれすごいワインを飲むための下準備のワインを飲んでみる。きっと段階を踏めば踏むほど、いつかもっと本当の意味でワインを楽しめるようになると僕は思っているのです。

No.28

2006
CANNUBI
BOSCHIS
SANDRONE
BAROLO
DENOMINAZIONE DI ORIGINE CONTROLLATA E GARANTITA

ワインの王様&王様のワイン

Barolo Cannubi Boschis 2006

バローロ・カンヌビ・ボスキス 2006

弥勒菩薩にたとえられた、第六の使徒

「神の雫」で紹介された使徒ワインが初登場。ルチアーノ・サンドローネのバローロ・カンヌビ・ボスキスです。「神の雫」の読者ならご存じかもしれませんが、“第六の使徒ワイン”ですね。サンドローネはいわゆるバローロ・ボーイズと呼ばれる現代的なバローロ一派のひとりで、作中では登場人物の遠峰一青がそれを見下すシーンがあります。でも、ひと口飲んだ瞬間、彼は自分の誤りに気づく。「このワインには古典もモダンもない、それを超越する包容力と優しさがある」ということに。その時たとえられたのは、弥勒菩薩半跏思惟像。あの宇宙感、中性的な佇まいが、このワインのすべてを物語っています。

ところでバローロ・ボーイズとは、バローロという北イタリア・ピエモンテ州の伝統的ワインを、今の技術を駆使して醸造する造り手たちのこと。昔は温度管理もいい加減、抽出も弱かった。さらに不衛生な大樽に何年もワインを寝かせて、注文が来てようやく瓶詰めしていたことも……。そこで、フランスのブルゴーニュ地方のワイン造りに影響を受けた若手たちが改革の狼煙《のろし》を上げげた。80年代初めのことです。

ボーイズの多くの造り手は、バリックと呼ばれる228リットルの小樽を使うのに、サンドローネは600リットルの中樽を使う。これがあまりモダンすぎず、バランスのよさにつながっているのかもしれません。さらに、カンヌビ・ボスキスとはクリュ（畑）の名前のこと。バローロではさまざまなクリュをブレンドするのが伝統でしたが、現在はよりテロワールを明確にした単一クリュのバローロがブーム。バローロは高いし、飲み頃まで時間がかかるという人は、4000円台で買える「ネッビオーロ・ダルバ・ヴァルマッジョーレ」はいかがでしょう？　大振りのグラスで飲むとかなり美味しく、こちらもおすすめです。

DATA

ぶどう品種：ネッビオーロ　国・産地：イタリア・ピエモンテ州
造り手：ルチアーノ・サンドローネ
購入元：トスカニー ☎ 03・6435・1750
価格：15,309円

バローロに用いられるネッビオーロは実に繊細で、厄介な品種。ある程度熟成してから、ようやく花開く。しおれたバラに土、それにタールのような香りが出てきたらしめたもの。

2010
Gevrey-Chambertin
APPELLATION CONTROLÉE
MIS EN BOUTEILLE A LA PROPRIÉTÉ
VIN NON FILTRÉ
Cellier des Dîmes
CLAUDE DUGAT
PROPRIÉTAIRE-VITICULTEUR A GEVREY-CHAMBERTIN (CÔTE-D'OR) FRANCE

偉大なワインの素晴らしさと鬱陶しさを学べ

Gevrey-Chambertin 2010 Claude Dugat

ジュヴレ・シャンベルタン 2010 クロード・デュガ

ひとクラス上の品質ながら、抜栓時が難しい、試練のブルゴーニュ

近頃、アルコール類を嗜まない若者が増えているという話をよく耳にします。由々しき事態です。日々、スマホに明け暮れ、酒を顧みる余裕などないということでしょうか。

しかし、人生を成功させたいと願うなら、酒、なかんずくワインの知識はあったほうがよいでしょう。対女性のみならず対男性でも、例えばビジネスランチの席で、ワインの知識が大きな武器になることだって、実際にあるのですからね。

そこでオジさんが、「まずはこれを飲め!」と若者にすすめたいのは、クロード・デュガの「ジュヴレ・シャンベルタン」です。

クロード・デュガは従弟のベルナール・デュガ・ピィとともに、ブルゴーニュ随一のカルトな造り手として知られています。その入念なブドウ栽培とワイン造りには定評があり、このワインもただのジュヴレ・シャンベルタンと侮ってはいけません。両デュガのワインは村名でプルミエ・クリュ(1級畑)、プルミエ・クリュでグラン・クリュ(特級畑)並みの品質です。

難しいのは開いている時と閉じている時の落差が大きく、またいつ開いて、いつ閉じるのか、皆目見当がつかないこと。とくに2010年のように偉大なヴィンテージは難しい。

だからこそ、グラン・ヴァン(偉大なワイン)の入門として、このワインを若者と一緒に酌み交わしたいですね。じっくりと。ブルゴーニュ・ワインの素晴らしさと鬱陶しさを学ぶには、最適なサンプル。

これを存分に味わったら、同じデュガの1級ラヴォー・サン・ジャックや特級グリオット・シャンベルタンへと進んで欲しい。でもこれらのワインの偉大さなんて、すぐには理解できないでしょう。

何ごとも単純明快がよいわけではありません。ワインも人生もそう。デュガのワインはさまざまな示唆に富んでいます。

DATA

ぶどう品種:ピノ・ノワール　国・産地:フランス・ブルゴーニュ地方
造り手:クロード・デュガ
輸入元:株式会社ラック・コーポレーション ☎ 03・3586・7501
希望小売価格:12,600円

ただの村名とは思えない深いルビー色。ラズベリーやカシスのコンポートにほんのりバニラとエスプレッソ。力強く、しっかりしたストラクチャー。集中度が高く、噛めるような酒軀。酸とミネラルも高度にバランス。

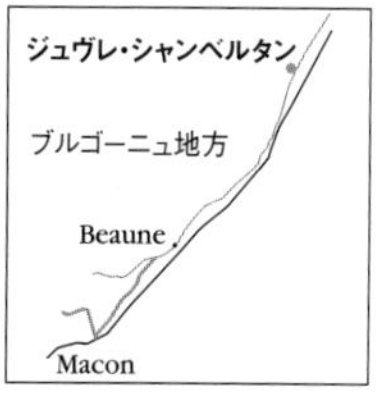

No.30

Almaviva
Baron
Philippe de
Rothschild
Viña
Concha
y Toro
2010
Almaviva
Wine of Chile • Viña Almaviva S.A. • Puente Alto

本物のムートンの前にこれを飲んでおけ

Almaviva 2010

アルマビーバ 2010

チリワインの世界的評価を変えた、エポックメイキングな1本

クロ・デ・ファでも触れた、チリのスーパープレミマムワインが「アルマビーバ」。ワインを嗜む若者でも、おもに金銭的な理由からもっぱら安いチリばかりという人が多いのでは？　じつはチリにも、こんなに質の高いワインがあることを知っておいて欲しいですね。

アルマビーバとは、ボルドーに1級シャトーのムートン・ロッチルドを所有するバロン・フィリップ・ド・ロッチルド社と、チリ最大のワイナリー、コンチャ・イ・トロ社とのジョイントベンチャーによって誕生したワイン。

畑と醸造所はチリ最高のカベルネ・ソーヴィニヨンを生み出すマイポ・ヴァレーのプエンテ・アルトにあり、そのカベルネ・ソーヴィニヨンに加えて、ボルドー原産ながら今やチリ固有の品種として尊ばれるカルメネール、それに小量のカベルネ・フランをブレンドして造られています。

96年の初ヴィンテージでいきなりブレークし、チリワインの世界的な評価を変えた、エポックメイキングな1本と言ってよいでしょう。

ここでも面白いエピソードをひとつ。チリのカベルネからはよくユーカリミントの香りがします。バロン・フィリップのスタッフがこのプロジェクトを決めた際、気にしたのがこの香り。ボルドーのワインにはミント香がありません。それでワイナリーや畑の周りのユーカリの木をすべて切り倒したんですって。徹底してますよね。

ワイン造りには先述のパスカル・マルティをはじめ、バロン・フィリップの優秀な醸造家が関与してるので、偉大なムートンの片鱗が味わえます。チリのデイリーワインだけを飲んでた若者が、いきなり10万円のムートンを開けても、きっと何が何だかわかりません。若いヴィンテージであればなおさら。いつかムートンを開ける日にために、今はアルマビーバを飲んでおけ。そういうことです、はい。

DATA

ぶどう品種：カベルネ・ソーヴィニヨン、カルメネール、カベルネ・フラン
国・産地：チリ・マイポ・ヴァレー
造り手：バロン・フィリップ・ド・ロッチルド&コンチャ・イ・トロ
輸入元：エノテカ ☎ 03・3280・6258
希望小売価格：15,750円

深く濃いルビー色。煮詰めたプラムやブラックベリー、オリーブ、月桂樹の葉のアロマ。濃縮感が強く、ボリュームも大きい。丸く柔らかなタンニン。スパイシーなアフターに、バニラとビターチョコの香りが覆う。

11

CHAPTER [11]

普通じゃ物足りない時の
ミステリアスワイン

僕は色んなワイン通と付き合いがありますが、とにかく強者揃いで、例えばワイン会にワインを持っていく時も、緊張します。「さて、あいつらをどんなワインで唸らそう」という感じ。そんな時はすごいビンテージのすごいワインを持っていっても全然ダメ。みんなが驚くテロワールや背景をもった、「むむむ」と思わせる不思議議なワインが必要なのです。

No.31

LES CAILLOUX
2003
CUVÉE CENTENAIRE
Châteauneuf-du-Pape
Appellation Châteauneuf-du-Pape Contrôlée
MIS EN BOUTEILLE À LA PROPRIÉTÉ
S.C.E.A. DES VIGNOBLES
LUCIEN & ANDRÉ BRUNEL
RÉCOLTANTS À CHÂTEAUNEUF-DU-PAPE 84230 FRANCE
RED RHÔNE WINE
PRODUCT OF FRANCE

樹齢100年の古木から造られたバランスワイン

Les Cailloux Cuvée Centenaire 2003

レ・カイユー・キュヴェ・サントネール 2003

濃厚で甘みも強い、酸味とタンニンのバランスも絶妙

シャトーヌフ・デュ・パープとは、「教皇の新城」という意味。フランス南部、ローヌ地方のワインですが、むしろ、プロヴァンス文化圏になります。ピーター・メイルの「南仏プロヴァンスの 12 か月」にも登場しますね。

1303 年のアナーニ事件を契機にローマ教皇の力が衰え、1309 年にはフランス国王フィリップ 4 世の命で教皇庁がアヴィニョンに移されました。世界史でも有名な「教皇のアヴィニョン捕囚」ですね。シャトーヌフはアヴィニョンのローマ教皇が夏の離宮として建てた館を指していて、今でもその廃墟が残っています。

ここはもともとローマ人によりブドウが植えられた土地でしたが、シャトーヌフ・デュ・パープのブドウ畑を発展させたのは第 2 代アヴィニョン教皇のヨハネス 22 世とされています。畑には賽の河原のように大きな石ころが転がっていて、その石が日中の熱を蓄えるので、夜になっても周囲の気温を下げず、ブドウの生育を助けてくれるんですね。

アンドレ・ブリュネルの「キュヴェ・サントネール」は、樹齢 100 年という古木から造られた特別バージョンのシャトーヌフ・デュ・パープです。

なぜそんなおじいちゃんの樹から美味しいワインができるのかと不思議に思うかもしれませんが、古い樹というのはたくさんの実をならす力は持ち合わせない代わりに、限られたブドウの実に養分を集中させるから、凝縮感たっぷりのワインが出来るんです。

13 もの品種が認められているシャトーヌフ・デュ・パープですが、このワインはグルナッシュが 8 割を占めています。

ドライなのに甘味にさえ感じられるふくよかな味わいが支配して、深夜の寝入りを邪魔しない。だから僕にとってシャトーヌフ・デュ・パープというと、満天の星が広がるミッドナイトのイメージがありますね。

DATA

ぶどう品種：グルナッシュ 80%、ムールヴェドル 12%、シラー 8%
国・産地：フランス・ローヌ地方　造り手：アンドレ・ブリュネル
購入元：ワインセラーウメムラ ☎ 0564・22・0263
価格：18,585 円

2003 年という酷暑の年。グラスの中心は、吸いこまれるような怪しい闇の世界。甘美な香りがグラスの縁から溢れ返る。黒蜜のような甘味と八角を思わせるスパイシーさ。ゴージャスなまでにリッチなワイン。

No.32

DOMAINE
2010
DOMAINE DU PEGAU
Châteauneuf du Pape
APPELLATION CHÂTEAUNEUF-DU-PAPE CONTRÔLÉE
by vol.
Product of France - Contains Sulfites
Mise en bouteille au domaine
et Fille, Propriétaires Récoltants à CHÂTEAUNEUF-DU-PAPE - 84230 - FRANCE

天津甘栗のような第三の使徒の弟分は小栗

Châteauneuf du Pape “Cuvée Réservée” 2010 Domain du Pégau

シャトーヌフ・デュ・パープ “キュヴェ・レゼルヴェ” 2010 ドメーヌ・デュ・ペゴー

石に覆われたブドウ畑が謎の力を発揮する、ミステリアスワイン

アンドレ・ブリュネルの「レ・カイユー」と同じく、このワインもアペラシオン（原産地呼称）はシャトーヌフ・デュ・パープ。漫画「神の雫」で、第三の使徒に選んだのがドメーヌ・デュ・ペゴーの「キュヴェ・ダ・カポ」というシャトーヌフ・デュ・パープでした。これが天津甘栗のように香ばしく、甘やかな風味で、僕はすっかり魅了されてしまったんですね。正直に言うと、それまでこんなに美味いシャトーヌフ・デュ・パープがあるとは、想像もしてなかったんです。

シャトーヌフ・デュ・パープと言ってもじつは玉石混淆で、レ・カイユーやキュヴェ・ダ・カポのように素晴らしいワインがある一方、フルーティで早飲みができるように、マセラシオン・カルボニックというテクニックを使った、ボージョレの親戚みたいなワインも少なくありません。またこのワインは 13 もの品種を使うことが許されていますが、主となるグルナッシュは古木で収穫量を抑えてあげると素晴らしいワインになるのに、もともと多産型なので、ほったらかしにしておけばたくさんの房をつけ、アルコールばかり高くて中身は薄っぺらいワインになってしまいます。何が言いたいかというと、シャトーヌフ・デュ・パープはしっかり造り手を選びなさいということ。

まぁ、それがブルゴーニュ同様、ミステリアスではあるんですが。

キュヴェ・ダ・カポは安くても 3 万～ 4 万円するワインなので、簡単にはすすめられません。ところがありがたいことに、ペゴーではもっと手頃なシャトーヌフ・デュ・パープも造ってるんですね。それがこの「キュヴェ・レゼルヴェ」です。

キュヴェ・ダ・カポの天津甘栗に対して、僕は小栗と呼んでますが、これでも十分に魅力のあるワインです。ボルドーやブルゴーニュでは満足できない、ひとクセある友達に飲ませれば、きっと喜ばれると思いますよ。

DATA

ぶどう品種：グルナッシュ 80%、シラー 6%、ムールヴェードル 4%、その他 10%　国・産地：フランス・ローヌ地方　造り手：ドメーヌ・デュ・ペゴー
購入元：中川ワイン ☎ 03・3631・7979
希望小売価格：12,000 円（税抜き）

煮詰めたラズベリーやプラムの風味に、ハーブやなめし革のニュアンス。味わいのボリューム感が大きく、むっちりした厚みのあるボディ。独特のスパイシーさを備える。ダ・カポほど洗練されず、少々荒々しい。

No.33

こだわりの強い反逆児に飲んで欲しい

Grand Cru Mambourg 2009
Marcel Deiss

グラン・クリュ・マンブール 2009 マルセル・ダイス

アルザスなのに品種名なし、複数の品種を混醸した異端的な美味さ

まずはともかくこのラベルをご覧いただきたい。「グラン・クリュ・マンブール」とあるだけでブドウ品種の名前が見当たりません。

ワインスクールやワインの入門書では、「ドイツの影響が強いフランスのアルザス地方では、ラベルに品種名が大きく表記される」と教えられます。ところがアルザスなのに、品種名がどこにもない。なぜでしょう?

このワインを造ったのは、アルザスの反逆児と呼ばれるドメーヌ・マルセル・ダイスのジャン・ミシェル・ダイス。テロワール(土壌や気候など、その土地を取り巻く自然条件)至上主義の彼は、アルザスをヴァン・ド・セパージュ(品種名ワイン)などに矮小化されてはたまらぬと、INAOと呼ばれる国の原産地呼称委員会に直談判。品種名なしでも畑名を表記できるように法改正させてしまいました。

そればかりか、アルザスのグラン・クリュは原則的に単一のブドウ品種でワインを造らなければならないのに、自分の畑では複数の品種をブレンドすることまで認めさせたのです。マンブールに使われてるのは、ピノ・ブラン、ピノ・グリ、ピノ・ブーロ、ピノ・ノワール、ピノ・ムニエ。ムニエってシャンパーニュ地方の黒ブドウでは?

こんな風変わりなワインをミステリアスと言わずして、なんとしましょう。

さらにもうひとつ。彼はビオディナミ農法の熱心な信者。牛の角に詰めた牛糞や、鹿の膀胱に詰めたアキレアの花などを、月の位置に合わせて畑にまいています。これがブドウの生育に効果があると言うんだから面白いですよね。ミステリアスなのはワインではなく、ジャン・ミシェル・ダイス、彼自身かもしれません。

このマンブールはテロワールの底力を存分に引き出した超絶ワイン。こだわりの強い反逆児にこそ、試していただきたい1本です。

DATA

ぶどう品種:ピノ・ブラン、ピノ・グリ、ピノ・ブーロ、ピノ・ノワール、ピノ・ムニエ
国・産地:フランス・アルザス地方　造り手:ジャン・ミシェル・ダイス
購入元:有限会社ワインセラーウメムラ ☎ 0564・22・0263
価格:10,240円

照りのある濃厚な黄金色。香りも濃密。黄桃、蜂蜜、カスタードクリーム。粘性もすこぶる強くトロリとし、甘味を感じるのにじつはドライ。余韻の長さも常識はずれ。とてつもない、壮大なスケールの白ワイン。

12

CHAPTER [12]

人生の節目に選ぶ
大御所ワイン

出会い、別れ、旅立ち、誕生……。人生のどんな節目にも似合う飲み物。それがワインだと思います。人間が重ねてきた尊い時間を祝う時には、それと同等の時間、そして手間、そして想いを重ねた1本がふさわしい。そのワインを手にした人が、自分の人生を代弁するものとして、そのワインを楽しめるような、そんな1本を贈ることが出来たならいいなと思って、特別な３本をご紹介します。

No.34

1985
CHATEAU DUCRU-BEAUCAILLOU
APPELLATION SAINT-JULIEN CONTROLÉE
SAINT-JULIEN
BORIE, PROPRIÉTAIRE A SAINT-JULIEN-BEYCHEVELLE

時を重ねたワインにしか出せない色気

Château Ducru-Beaucaillou 1985

シャトー・デュクリュ・ボーカイユ 1985

複雑なフレーバーと長い余韻を味わう王道ワイン

やっぱり人生の節目に飲みたいのは、王道中の王道、ボルドーのシャトー・デュクリュ・ボーカイユ。今から 150 年以上も昔の 1855 年に行われた格付けで、2 級に序せられた偉大なシャトーです。ボーカイユとはフランス語で「美しい小石」という意味。僕は 2009 年に、ボルドーのシャトーを巡り、ワインを飲みながら走るというメドック・マラソンに挑戦したことがあるんですが、その時、このシャトーの畑の中を走ったら、本当に砂利だらけで驚きました。水はけがよく、痩せていて、熱を蓄えるこの砂利が、カベルネ・ソーヴィニヨンという、ボルドーを代表するブドウ品種の生育にはとっても大事なんですね。

デュクリュ・ボーカイユのあるサン・ジュリアンという村には、1 級シャトーこそないものの、レオヴィル・ラス・カーズやグリュオ・ラローズなど名だたる 2 級シャトーがあります。いずれもエレガントさの中に力強さを兼ね備えた素晴らしいワインばかりで、僕は大好き。特にデュクリュ・ボーカイユは、モーツァルトにたとえる評論家がいるほど優美です。美しいうえに、自分の生き方に信念をもつ大人の女性という感じでしょうか。しかもビンテージは 30 年近く時が経過した 85 年。80 年代のボルドーは 84 年や 87 年を除けば、よいビンテージ続き。85 年もバランスに秀でた偉大な年です。もちろん 30 年近くも経てばへたってしまっているワインも少なくありませんが、最上のテロワールで育てられたカベルネ・ソーヴィニヨンが、これだけの長寿を支えてくれたのだと思います。この複雑なフレーバーと長い余韻を味わっていると、85 年にあった出来事が頭の中を駆け巡る。古酒には若いワインにはない楽しみがある。いわゆる、時を重ねたワインにしか出せない色気があるんですね。

こうした奥深いワインは食事の最後に、ワインだけでゆっくりと味わいたいものです。

DATA

ぶどう品種：カベルネ・ソーヴィニヨン、メルロー　国・産地：フランス・ボルドー地方　造り手：ブリュノ・ウジェーヌ・ボリー
購入元：ワインセラーウメムラ ☎ 0564・22・0263
価格：18,690 円

砂利質土壌なうえ、サン・ジュリアンでもジロンド川に最も近い。川は周囲の気温を巧みに調整する機能があるので、ブドウの生育に重要。トリュフやシガーの妖艶な香り。30 年を経た今がまさに飲み頃。

No.35

2009
1867
GROS-GUENAUD
CLOS DES REAS
A VOSNE ROMANEE (CÔTE D'OR)
150e Millésime

150周年の節目を迎えた大御所ワイン

Vosne-Romanée 1er Cru Clos des Réas 2009 Michel Gros

ヴォーヌ・ロマネ・プルミエ・クリュ・クロ・デ・レア 2009 ミシェル・グロ

石垣に囲まれた特殊な微気候のおかげで、名酒を育むグロ家の至宝

人生の節目というお題目にビビッと来たのがこのワイン、ドメーヌ・ミシェル・グロのクロ・デ・レアです。

この畑はヴォーヌ・ロマネ村のプルミエ・クリュ（1級畑）で、2ヘクタールちょっとの面積はすべてミシェル・グロの所有。

つまりモノポールとなっています。2009年がグロ家によるクロ・デ・レア取得150周年という節目の年にあたり、特別ラベルでリリース。それをふと思い出しました。

ミシェルには妹がひとり、弟がひとりいて、10年以上前に生前贈与の形で、両親からブドウ畑を相続することになりました。このような場合は兄弟間で不公平にならないよう、それぞれの畑を3分の1ずつ分け合うことが多いのですが、ミシェルは妹にグラン・クリュ（特級畑）のリシュブールを譲る代わり、クロ・デ・レアをそっくり相続したんです。

グロのリシュブールは0.6ヘクタールの広さしかないとは言え、ふつうはグラン・クリュを欲しがるもの。でもグロ家の後継者として、由緒正しきクロ・デ・レアこそ守りたいとの気持ちが、ミシェルにはあったに違いありません。

クロ・デ・レアは周囲を石垣（これがクロ）で囲まれ、ヴォーヌ・ロマネ村の民家にも近いことから、畑が温められてブドウの生育が早く、よく熟すとされています。

これはちょっと余談ですが、本書に2回登場するもうひとりのグロ、アンヌ・グロは、ミシェルの従妹。ワイン造りは驚くほど違って、エレガンスを追求するアンヌに対して、ミシェルのほうが色調も濃いめで骨太な味わいですね。

記念ラベルの09年は若いうちから抜群に美味しいワインでしたが、市場には数えるほどしか残っていないはず。

10年や11年も同じように素晴らしい出来のはずですから、ワインショップで探してみてください。

DATA

ぶどう品種：ピノ・ノワール　国・産地：フランス・ブルゴーニュ地方
造り手：ミシェル・グロ
輸入元：株式会社ラック・コーポレーション ☎ 03・3586・7501
希望小売価格：14,700円

よく熟したラズベリーにカシス、なめし革や甘草、さらにバニラとエスプレッソのフレーバー。凝縮感に富み、溢れるほどの果実味とピュアな酸。ビロードのようにしなやかな舌触りと喉越し。偉大なワイン。

No.36

LE PETIT CHEVAL
2009
St.Emilion Grand Cru
SOCIÉTÉ CIVILE DU CHEVAL BLANC
Mis en bouteille à la Propriété

これに優るファーストラベルは少ないよ

Le Petit Cheval 2009

ル・プティ・シュヴァル 2009

名前も愛らしい、偉大なるシュヴァル・ブランのセカンド

人生の節目に贈るワインはやはり名の通ったものがいいですよね。ボルドーなら格付け1級の5大シャトー。もしくはサンテミリオンのシュヴァル・ブランかオーゾンヌ。ポムロールのル・パンかペトリュスです。

でも、どれもこれも価格高騰。おいそれとは手が出せない代物になってしまいました。シャトー・マルゴーが1万円台で買えた、20年前が懐かしい……。

それでは、指をくわえて格下のシャトーで我慢するしかないのでしょうか？　いや、ありますよ、ありますよ。トップ・シャトーのセカンドラベルという手が！

セカンドラベル、またはセカンドワインとは、そのシャトーが本来のラベル（ファーストラベル。シャトーではグラン・ヴァンと呼ぶ）を冠するには不適当と判断したワインのこと。

例えば、樹齢の若い樹から造られたロットや、条件の劣る区画から造られたロットがそれにあたります。とは言っても、同じ醸造チームが働いているので品質が格段に劣ることはありません。しかも近年、トップのシャトーではファーストラベルの品質をさらに高めるため、ブドウの選別がきわめて厳格になりました。

以前ならファーストで良しとされていたブドウがセカンドに回されるようになり、相対的にセカンドの水準が底上げされています。

ボルドーのトップ・シャトーが造るセカンドラベルの中で、僕が一番好きなのはシュヴァル・ブランのセカンド、「ル・プティ・シュヴァル」。

シュヴァル・ブランはカベルネ・フランという品種が多めの、サンテミリオンとしては異色のワインですが、プティ・シュヴァルはメルローの比率が高く、飲み頃が早く訪れます。

プティ・シュヴァル（小さな馬）という名前も愛らしく、競馬好きの友達に贈れば、とくに喜ばれそうですね。

DATA

ぶどう品種：メルロー75%、カベルネ・フラン25%　国・産地：フランス・ボルドー地方　造り手：シャトー・シュヴァル・ブラン
購入元：ワインプレスインターナショナル ☎ 072・461・2055
価格：15,729円

フローラルなトップノーズ。プラムやブラックベリーの果実香にスパイシーさと土っぽさが絡み合う。アフターにバニラやカカオ。熟成するとチョコレートエクレアに変化。舌触り滑らかで包み込まれるような味わい。

GOD
GLASS
COLLECTION

「この1本に、このグラス」

ワインを楽しむには、
それを注ぐグラスのセレクトもとても大切です。
例えばピノ・ノワールは、その香りを確実に引き出すデザインがふさわしいし、
また、腰をおちつけてゆっくりと飲む時は、安定感のあるグラスが嬉しい。
せっかくのワインも、グラスが違えば、味がまったく違ってしまうと言っても過言ではありません。
ワインの可能性を最大限に引き出すワイングラス選びも、ワインを楽しむ秘訣です。

たとえば「エシェゾー」に……

香りが広がるグラス

マッセナ ワイングラス

ナポレオンの配下にあって「勝利の申し子」と言われた元帥、アンドレ・マッセナにちなみ、このモデルが作られたのは1980年。力強くエレガントなフォルムがテロワールの繊細な味わいを引き出す。

たとえば「ジロラット」に……

計算しつくされたグラス

オノロジー ボルドー

ワインラバーのために醸造学に基づきボウルの曲率や容積などワインのタイプに合わせて設計されたコレクション。シンプルな形状ながらボルドーワインの芳醇な香りを最大限に引き出してくれる。

たとえば「ミュジニー」に……

アロマをとじこめるグラス

シャトーバカラ ワイングラス

ソムリエや醸造家が科学的根拠に基づき開発したコレクション。丸みを帯びた広い底部がアロマを花開かせ、閉じた飲み口がアルの揮発を抑え、滑らかな口当たりを実現する。

たとえば「ケイマス」に……

飲み口が広いグラス

ローハン ワイングラス

1855年のパリ万博で高く評価された装飾技術が使われたグラス。ワインを注ぐと全面に施された蔓草模様が美しく浮き上がる。アルコール高めのカリフォルニアワインにも合う。

たとえば「ラフィット」に……

ボルドーに負けないグラス

ベガ ワイングラス

1995 年に発表された「ベガ」は七夕の織姫星のこと。ダイナミックでリズム感溢れるステムが特徴的なこのグラスは重量感があり、ボルドーワインのしっかりとしたストラクチャーにふさわしい。

たとえば「モンラッシェ」に……

色を楽しめるグラス

ミルニュイ ワイングラス

低めのステムにダイヤ型のオブジェ。外側に反った微妙なカーブやプリーツを思わせる繊細なフォルムがオリエンタルな世界を彷彿させる。バタール・モンラッシェの濃厚なゴールデンイエローを一層際立たせる。

たとえば「コード・ノワール・ロゼ」に……

これぞシャンパングラス

シャトーバカラ シャンパンフルート

アロマの広がり方やワインの舌への導入具合を最優先した独特の形状のシャンパンフルート。複雑なフレーバーが幾重にも折り重なる最高級のシャンパンを味わう時にこそふさわしい。

たとえば「クロ・ド・タール」に……

とにかく味わえるグラス

デギュスタシオン グランブルゴーニュ

ピノ・ノワールの華やかな香りを解き放つバルーン型のボウル、口元の開き具合など、ブルゴーニュワインを最高の状態で楽しむためのコレクション。グラン・クリュでなくデイリーなピノ・ノワールにも。

たとえば「ヴァランドロー」に……

ボルドーのためのグラス

デギュスタシオン グランボルドー

ボルドーワインにふさわしい卵型のボウルが特徴。艶かしく熟成した、メルローとカベルネ・フランのハーモニーを楽しむにはぴったりのサイズ。グラスに注いだ瞬間に香りが見事に立ち上がる。

たとえば「バローロ」に……

ゴージャスなグラス

パルメ ワイングラス

楽園に集う鳥のモチーフが繊細に描かれ、宝石を彷彿させるカットにも風格が漂う。まさにワインの王様にふさわしいグラス。注いだ瞬間に複雑かつ妖艶な香りが広がる。

たとえば「シャトーヌフ・デュ・パープ」に……

ワインが輝くグラス

アルクール ワイングラス

1841 年の発表以来、バカラを代表するデザインとして愛されているシリーズ。教皇の聖杯のごとく荘厳なフォルムは、ミステリアスなワインの魅力を一層引き立たせる。時間を掛けてゆっくり味わいたい。

たとえば「ボーカイユ」に……

歴史あるグラス

アルクール パレロワイヤル

「アルクール」誕生 170 周年を記念して 2011 年発売。グラスの中央にフランス国王ルイ 15 世と王妃マリー・レクザンスカの肖像が記されている。歴史に思いを馳せながら古酒を慈しむのに最適なグラス。

問い合わせ：バカラショップ 丸の内　☎ 03-5223-8868

WINE WORD

今日から使えるワイン用語

ワインを楽しむ時に、
ふつう一番厄介だと思われるのが、ワイン用語。
そんなの覚えなくても、ワインは楽しめるのですが、
知識があればもっと楽しめるんだから、知ってなくちゃもったいない。
せっかく美味しいワインを飲むのですから、
その魅力は十二分に知っていても、損はないと思います。

ア

アタック【attack】

口に含んだ時の第一印象。アタックが強いのに、余韻の短いワインはプロに嫌われる

アペラシオン【appellation】

ワイン法で定められた原産地呼称を指すフランス語。アペリティフは食前酒。間違いなきよう

アロマ【aroma】

果実香などワインから感じられる香り。ブーケ、フレーバーもほぼ同義。ご随意にどうぞ

ヴィンテージ【vintage】

ブドウの収穫年。「君のヴィンテージは89年？グレート・イヤーだね！」とか使うと、十中八九ドン引きされる

カ

格付け【rating】

ワインの番付け。ブルゴーニュはブドウ畑を一級と特級に、ボルドーはシャトーを一級から五級まで序列した。ワイン通ならボルドーの格付け61シャトーをすべて暗記するのがお約束

神の雫【drops of god】

海外の生産者からも賞賛を浴びるワイン漫画。本書の樹林伸が原作者

カベルネ・ソーヴィニヨン【cabernet sauvignon】

ボルドーの左岸地域でおもに栽培される、赤ワイン用のブドウ品種。チリでも栽培され、チリ・カベの愛称あり

ガルナッチャ【garnacha】

ローヌ地方南部やスペインの赤ワインに使われるブドウ品種。じつは世界で一番栽培面積が広い

グルナッシュ【grenache】

ガルナッチャのフランスにおける同意語。スペイン原産の品種だからガルナッチャのほうが正しいが、世界的にはこちらのほうが一般的

グラン・クリュ【grand cru】

特級畑。ブルゴーニュではロマネ・コンティやシャンベルタンを指す。産地によって意味はいろいろ

サ

シャトー【château】

ボルドーにおける畑付きのワイナリーのこと。なぜかお城がなくてもこう呼ぶ

シャルドネ【chardonnay】

ブルゴーニュを筆頭に、世界各地で栽培されている白ワイン用品種。スペイン語圏では「チャルドネ」と発音。かわいい

シャンパーニュ【champagne】

泡立つワインで有名な、フランス北部のワイン産地。ここ以外の泡立つワインを「シャンパン」と呼ぶのは詐称につき要注意

シラー【syrah】

ローヌ地方北部やオーストラリアで栽培される、赤ワイン用のブドウ品種。スパイシーさが特徴だが、辛いわけではない

シラーズ【shiraz】

オーストラリアにおけるシラーの同意語。ズーズー弁に訛って「ズ」がついた？

ソーヴィニヨン・ブラン【sauvignon blanc】

フランスのボルドーやロワールでおもに栽培される白ワイン用品種。「ネコのおしっこ」の匂いはこの品種の特性香

タ

タンニン【tannin】

ポリフェノールの一種で、ワインの渋味成分のこと。抗酸化作用があるので、心臓の病気が気になる人は渋いワインを飲むべし

テロワール【terroir】

気候や土壌など、ブドウの育つ土地がワインに与える自然的要因。フランス人が自国の優位性を語る時に好んで使う

ナ

ニューワールド【new world】

コロンブスの新大陸発見以降、ワインが造られるようになった国や地域。イスラエルのようにワイン造りが再興された国は仕分けに困る

ハ

ピノ・ノワール【pinot noir】

ブルゴーニュ地方の赤ワインに使われるブドウ品種。テロワールを選り好みする、気難しい性格

ブルゴーニュ【bourgogne】

世界中のワイン通を虜にする、フランス中東部の高級ワイン産地。とくに熟成した赤ワインは妖艶にして、フェロモンぷんぷん

プルミエ・クリュ【premier cru】

一級畑。ブルゴーニュでは、ムルソー・シャルムのように村名＋畑名で表記される

ポート【port】

ポルトガルが誇る甘口デザートワイン。「ポルト」というと通ぶれる

ボルドー【bordeaux】

ブルゴーニュと双璧の、フランス南西部にある高級ワイン産地。上位 20 銘柄は投機対象として、中国の富豪に大人気

ボディ【body】

飲み応えのあるワインをよく、「ボディがある」と表現する。「コクがある」とほぼ同義

ミ

ミネラル【mineral】

鉱物や海のニュアンスをワインから感じた時にプロがよく使う表現だが、日本の旨味と同様、定義が難しい

ミュジニー【musigny】

ブルゴーニュのグラン・クリュのひとつ。とくにルーミエのものは入手困難で、「飲んだ」といえば、10 年はいばれる

メドック【medoc】

シャトー・マルゴーなどの高級赤ワインが集まる、ボルドーのジロンド川左岸にある産地。「目に毒」と覚えよう

メルロー【merlot】

ボルドーの右岸地域でおもに栽培される、赤ワイン用のブドウ品種。比較的、湿気に強いため日本の長野県でも栽培

ロ

ロバート・パーカー【robert parker】

アメリカのカリスマ評論家。彼の点数に世界のワイン関係者が一喜一憂。高得点を得ようと、彼好みにワインを仕上げることをパーカリゼーションという

ワ

ワイナリー【winery】

ワインを醸造する施設を指す、アングロサクソン系の言葉。フランスの生産者の前で使うと延髄蹴りをくらう

EPILOGUE

おわりに

ワインは、ただの酒ではありません。

人を虜にし、時にはなけなしの金を奪い去りもする魔物であり、かと思えば無上の喜びや、人生を変えるような出会いをもたらす天使でもある。そんな大げさな、と思う貴方も、この本に取り上げためくるめく名酒たちを飲みきる頃には、きっとワインの迷宮に足を踏み入れておられることでしょう。

これほどまで世界中で愛されているワインの魅力とは何なのでしょう。僕はその重要な一つが、ワインの持つ「人と人を繋ぐ力」ではないかと思っています。他ならぬこの僕も、『神の雫』という漫画とそこで描かれたワインのおかげで、思いも寄らない人達と交流を深め、世界を拡げていくことができました。

本書を手にしてくださった貴方が、ここに取り上げたワインをきっかけに、人生を豊かにしてくれるこの魔物との幸福な関係を築いていけたとしたら、いちワインマニアとしてこれほどの喜びはありません。

樹林伸

樹林伸

1962年東京生まれ。漫画原作者、小説家、脚本家。全世界で累計800万部のベストセラーワイン漫画『神の雫』原作者でもある（亜樹直 名義）。2011年にフランス農事功労章シュヴァリエを受勲。

この作品は、「ゲーテ」（2012年 3 月号～2013 年 2 月号）に
掲載されたものを再構成し、書き下ろしを加えたものです。

価格は編集部調べです（2013 年 12 月現在）。

誰にも教えたくない 神ワイン

2013 年 12 月 20 日　第1刷発行

著　者	樹林 伸
発行者	見城 徹
発行所	株式会社 幻冬舎 〒151-0051 東京都渋谷区千駄ヶ谷 4-9-7
電話	03（5411）6211（編集） 03（5411）6222（営業） 振替 00120-8-767643
印刷・製本所	図書印刷株式会社

検印廃止

ブックデザイン	宮崎太郎（Dynamite Brothers Syndicate）
写真	雨田芳明
構成	柳忠之

ISBN978-4-344-02507-3　C0095
幻冬舎ホームページアドレス　http://www.gentosha.co.jp/
この本に関するご意見・ご感想をメールでお寄せいただく場合は、comment@gentosha.co.jpまで。